...TIQUES

POUR

LES MILITAIRES.

Pratiquez la vertu, et le Seigneur, le
Dieu des armées, sera avec vous.

AMOS, ch. 5. v. 14.

PUY,

IMPRIMERIE DE P. B. F. CLET.

1829.

CANTIQUES

POUR

LES MILITAIRES.

N° Ier. INVITATION A REVENIR AU
SEIGNEUR.

Air : *du Vendéen.*

SOLDATS, revenons au Seigneur !
Le Dieu qu'ont adoré nos pères,
Pour sa gloire et notre bonheur,
Nous rappelle sous ses bannières.
Refrain.
Soldat chrétien, défenseur de ton Roi,
Vois la palme immortelle
Qui doit un jour récompenser ta foi ;
Combas et meurs pour elle !

De nos camps nous saurons bannir
Le désordre et la licence ;
Désormais nous voulons mourir
Plutôt qu'outrager l'innocence.
Soldat, etc.
Nos blasphêmes, nos vains sermens,
De Dieu provoquaient la colère ;
On n'entendra plus des enfans
Insulter au nom de leur père.
Soldat, etc.
La franchise sera toujours
Du soldat français l'apanage ;

I

Le mensonge et ses vils détours
Feraient honte à notre courage.
    Soldat, etc.
Si les noirs suppôts des enfers
Voulaient égarer notre zèle,
Nous montrerions à l'univers
Qu'un soldat français est fidèle.
    Soldat, etc.
Soldats chrétiens, c'est par la foi
Que nous obtiendrons la victoire ;
Servir son Dieu, servir son Roi,
Voilà l'honneur, voilà la gloire.
    Soldat, etc.
Sous l'étendard de nos Bourbons,
Le cœur à Dieu, pleins de vaillance,
Nous combattrons et nous vaincrons
Les ennemis de notre France.
    Soldat, etc.
Oui, nous défendrons notre Roi ;
Avec lui sauvant la Patrie,
Pour nos Princes, pour notre Foi,
Gaîment nous donnerons la vie.
    Soldat, etc.

N° 2.   MÊME SUJET.

Un Dieu vient se faire entendre ;
Cher peuple, quelle faveur !
A sa voix il faut nous rendre,
Il demande notre cœur.
Accourez peuple fidèle,
Voici les jours du Seigneur ;

Quand sa bonté vous appelle,
Ne fermez point votre cœur.

Dans l'état le plus horrible
Le péché vous a réduits :
Mais, à vos malheurs sensible,
Dieu vers vous nous a conduits.
    Accourez, etc.
Sur vous il fera reluire
Une céleste clarté ;
Dans vos cœurs il va produire
Le feu de la charité.
    Accourez, etc.
Trop long-temps, hélas ! le crime
A pour vous eu des attraits :
Qu'un saint désir vous anime
A le bannir pour jamais.
    Accourez, etc.
Loin de vous toute injustice,
Loin toute division ;
Que partout se rétablisse
La concorde et l'union.
    Accourez, etc.
Du blasphême et du parjure
Montrez une sainte horreur ;
Plus en vous de flamme impure,
N'aimez plus que la pudeur.
    Accourez, etc.
Evitez l'intempérance,
Et tout plaisir criminel :
Que chacun enfin ne pense
Qu'à son salut éternel.
    Accourez, etc.

Sans tarder, changez de vie ;
Sur vos maux pleurez, pécheurs ;
C'est Dieu qui vous y convie ;
N'endurcissez point vos cœurs.
    Accourez, etc.
Quel bonheur inestimable,
Si, plein d'un vrai repentir,
De son état misérable
Tout pécheur vouloit sortir !
    Accourez, etc.
Ah ! Seigneur, qu'enfin se fasse
Ce désiré changement ;
Dans les cœurs, par votre grâce,
Venez agir fortement.
    Accourez, etc.
Brisez, ô Dieu de clémence,
Leur coupable dureté ;
Qu'une sainte pénitence
Lave leur iniquité.
    Accourez, etc.

N° 3.   SUR LE RESPECT HUMAIN.

Refrain.   BRAVONS les enfers ;
        Brisons tous nos fers ;
    Sortons de l'esclavage ;
        Unissons nos voix,
        Rendons à la croix
Un sincère et public hommage.
    Jurons haine au respect humain ;
Brisons cette idole fragile,

Sur ses débris que notre main
Elève un trône à l'Evangile.
   Bravons, etc.
 Chrétiens, d'une vaine terreur
Serons-nous toujours la victime?
Qu'il soit banni de notre cœur
Le cruel tyran qui l'opprime.
   Bravons, etc.
 Sous le joug d'un monde censeur
Nous gémissons dès notre enfance,
Recouvrons, vengeons notre honneur,
C'est là le cri de la vaillance.
   Bravons, etc.
 Partout flottent les étendards
Qu'arbore à nos yeux la licence;
Faisons briller à ses regards
La bannière de l'innocence.
   Bravons, etc.
 Tout Chrétien doit être un soldat
Rempli d'ardeur, né pour la gloire;
Quand son chef le mène au combat,
Tremblant, il fuirait la victoire?
   Bravons, etc.
 Tandis que sur le champ d'honneur
La valeur signale les braves,
On me verrait, lâche et sans cœur,
Trainant les chaînes des esclaves?
   Bravons, etc.
 Quoi! vous rougissez, vils mortels,
Honteux d'être vus dans un temple,
Adorant aux pieds des Autels

Le grand Dieu que le Ciel contemple !
    Bravons, etc.

D'hommes contre vous impuissans,
Vous redoutez les vains murmures !
Que feriez-vous si des tyrans
Il fallait subir les tortures ?
    Bravons, etc.

Ne profanez point ce saint lieu,
Allez, Chrétiens pusillanimes ;
Qui tremble, trahira son Dieu ;
La faiblesse est mère des crimes.
    Bravons, etc.

Lâches déserteurs de la Foi,
Jésus-Christ commande à la foudre ;
Vous osez abjurer sa loi !
Vous n'êtes pas réduits en poudre !
    Bravons, etc.

Tremblez, audacieux mortels,
Dieu diffère votre sentence ;
Ses arrêts seront éternels,
La justice aura sa vengeance.
    Bravons, etc.

Seigneur, ton camp sera le mien ;
Tant qu'il coulera dans mes veines
Quelques gouttes du sang chrétien,
Monde, tes menaces sont vaines.
    Bravons, etc.

Divin Roi, jusqu'à mon trépas
Mon cœur te restera fidèle ;
Puisse la Croix, guidant mes pas,
Me voir tomber, mourir près d'elle !
    Bravons, etc.

Chrétiens, le signal est donné,
Hâtons-nous, courons à la gloire,
L'heure du triomphe a sonné,
Le Ciel nous promet la victoire.
Bravons, etc.

N° 4.　　　　　MÊME SUJET.

Air : *Au blanc panache, aux fleurs de lis.*

QUELLE nouvelle et sainte ardeur
En ce jour transporte mon âme !
Je sens que l'Esprit Créateur
De son feu tout divin m'enflamme.

Refrain.

Vive Jésus ! je crois, je suis chrétien ;
Censeurs, je vous méprise ;
Lancez, lancez vos traits, je ne crains rien,
Mon bras vainqueur les brise.

Il faut, dans un noble combat,
Pour vous, Seigneur, que je m'engage,
Vous m'avez fait votre soldat,
Vous m'en donnerez le courage.
　　　Vive Jésus ! etc.

Du salut le signe sacré
Arme mon front pour ma défense,
Devant lui l'enfer conjuré
Perdra sa funeste puissance.
　　　Vive Jésus ! etc.

Le mépris du monde insensé
Pourrait-il m'alarmer encore ?
Loin de m'en trouver offensé,
Je sens aujourd'hui qu'il m'honore.
　　　Vive Jésus ! etc.

Dans sa fureur l'impiété
Veut me ravir le Dieu que j'aime ;
Je veux, fort de la vérité,
Lui dire toujours anathème.
    Vive Jésus ! etc.

On a vu de faibles agneaux
Triompher de l'aveugle rage
Et des tyrans et des bourreaux ;
Faible comme eux, Dieu m'encourage.
    Vive Jésus ! etc.

Enfant de généreux martyrs,
Puissé-je égaler leur constance,
Et trouver mes plus doux plaisirs
Au sein même de la souffrance !
    Vive Jésus ! etc.

A la mort fallût-il s'offrir,
Ou perdre, hélas ! mon innocence :
Grand Dieu ! je consens à mourir,
Ne souffrez pas que je balance.
    Vive Jésus ! etc.

Seigneur, à vos aimables lois
Le grand nombre serait rebelle,
Que mon cœur, constant dans son choix,
Y serait encore plus fidèle.
    Vive Jésus ! etc.

Etre à vous, c'est là notre honneur,
Divin conquérant de nos ames !
Vous servir est notre bonheur,
O céleste objet de nos flammes !
    Vive Jésus ! etc.

Chrétiens, ranimons notre ardeur ;
Contemplons la palme immortelle !

Le Ciel la promet au vainqueur,
Combattons et mourons pour elle.
Vive Jésus ! etc.

N° 5.   SUR LE SALUT.

TRAVAILLEZ à votre salut,
Quand on le veut, il est facile ;
Chrétiens, n'ayez point d'autre but,
Sans lui tout devient inutile ;
Sans le salut, pensez-y bien,
Tout ne vous servira de rien.

Oh ! que l'on perd en le perdant !
On perd le céleste héritage ;
Au lieu d'un bonheur ravissant
On a l'enfer pour son partage.
Sans le salut, etc.

Que sert de gagner l'univers,
Dit Jésus, si l'on perd son ame,
Et s'il faut, au fond des enfers,
Brûler dans l'éternelle flamme ?
Sans le salut, etc.

Rien n'est digne d'empressement,
Si ce n'est la vie éternelle ;
Hélas ! le bonheur d'un moment
N'est rien pour un ame immortelle.
Sans le salut, etc.

C'est pour toute une éternité,
Qu'on est heureux ou misérable :
Que devant cette vérité,
Tout ce qui passe est méprisable !
Sans le salut, etc.

Grand Dieu! que tant que nous vivrons,

Cette vérité nous pénètre !
Ah ! faites que nous nous sauvions,
A quelque prix que ce puisse être.
Sans le salut , etc.

N° 6.　　　　MÊME SUJET.

Le monde , par mille artifices ,
Cherche à captiver votre cœur ;
Jésus, pour faire son bonheur ,
Vous en demande les prémices :
Auquel des deux, en ce saint jour
Donnera-t-il la préférence ?
Chœur.
A Jésus seul tout notre amour ;
Il sera notre récompense.

Le fidèle verse des larmes
Que compte un ami généreux ;
Il fuit les plaisirs dangereux,
Source d'éternelles allarmes ;
Mais dans son cœur, sans nul retour ,
Habitent la paix , l'espérance.
A Jésus seul , etc.

De roses couronnant sa tête ,
Le mondain , libre en ses désirs ,
Compte les jours par ses plaisirs ,
Se promène de fête en fête ;
Mais dans l'éclat du plus beau jour ,
Le remords le ronge en silence.
A Jésus seul , etc.

Voilà donc les biens que tu donnes ,
O monde ! voilà donc ta paix !
La mort change en triste cyprès

Les myrthes dont tu nous couronnes.
Ah ! reprends ton bonheur d'un jour ;
Rends-nous l'immortelle espérance.

    A Jésus seul , etc.

Dans la fureur de son délire,
L'impie blasphème son Dieu ,
Le brave et l'insulte en tout lieu ;
Mais voyez-le quand il expire :
L'horreur de l'infernal séjour,
Dans son cœur habite d'avance.

    A Jésus seul , etc.

Le chrétien sans cesse captive
Une chair rebelle à l'esprit ;
Il s'immole avec Jésus-Christ ,
Se fait la guerre la plus vive.
Sa fin est le soir d'un beau jour
Et l'heure de sa délivrance.

    A Jésus seul , etc.

La douleur même la plus vive ,
A peine un moment a blessé ;
Le monde et sa gloire ont passé
Ainsi qu'un ombre fugitive ;
Tout a fini dans un seul jour ,
Le plaisir comme la souffrance.

    A Jésus seul , etc.

Il viendra ce jour de victoire ,
Où paraîtront tous les élus
Autour du trône de Jésus
Couronnés d'amour et de gloire.
Heureux moment ! précieux jour !
Tu remplis mon cœur d'espérance.

    A Jésus seul , etc.

IL n'est pour moi qu'un seul bien sur la terre,
Et c'est Dieu seul ; Dieu seul est mon trésor.
Dieu seul, Dieu seul allége ma misère,
Et vers Dieu seul mon cœur prendra l'essor.
  Je bénis sa tendresse,
  Je répète sans cesse
Ce cri d'amour, cet élan d'un grand cœur :
Dieu seul, Dieu seul, voilà le vrai bonheur.

  Dieu seul, Dieu seul guérit toute blessure ;
Dieu seul, Dieu seul est un puissant secours ;
Dieu seul suffit à l'ame droite et pure ;
Et c'est Dieu seul qu'elle cherche toujours.
  Doux transport de mon ame !
  Ah ! je sens qu'il m'enflamme,
Ce cri d'amour, cet élan d'un grand cœur :
Dieu seul, Dieu seul, voilà le vrai bonheur.

  Quel déplaisir pourra jamais atteindre
Cet heureux cœur que Dieu seul peut charmer !
Grand Dieu ! quels maux ce cœur pourra-t-il
  craindre ?
Il n'en est point quand on sait vous aimer.
  Aimer un si bon Père,
  C'est commencer sur terre
Ce chant d'amour de la sainte cité :
Dieu seul, Dieu seul, pour une éternité !

Nº 8.   LE PÉCHÉ.
Air : *Femme sensible.*
DIEU.

REVIENS, pécheur, à ton Dieu qui t'appelle,

Viens au plutôt te ranger sous sa loi :
Tu n'as été déjà que trop rebelle ;
Reviens à lui, puisqu'il revient à toi.   (*bis.*)

LE PÉCHEUR.

Voici, Seigneur, cette brebis errante
Que vous daignez chercher depuis long-temps :
Touché, confus d'une si longue attente,
Sans plus tarder, je reviens, je me rends. (*bis.*)

DIEU.

Pour t'attirer, ma voix se fait entendre ;
Sans me lasser, partout je te poursuis :
D'un Dieu pour toi, du père le plus tendre,
J'ai les bontés, ingrat, et tu me fuis ! (*bis.*)

LE PÉCHEUR.

Errant, perdu, je cherchais un asile ;
Je m'efforçais de vivre sans effroi.
Hélas ! Seigneur, pouvais-je être tranquille,
Si loin de vous, et vous si loin de moi ? (*bis.*)

DIEU.

Attraits, frayeurs, remords, secret langage,
Qu'ai-je oublié dans mon amour constant ? (*bis.*)
Ai-je pour toi dû faire davantage ?
Ai-je pour toi dû même en faire autant ? (*bis.*)

LE PÉCHEUR.

Je me répens de ma faute passée,
Contre le ciel, contre vous j'ai péché ;
Mais oubliez ma conduite insensée,
Et ne voyez en moi qu'un cœur touché. (*bis.*)

DIEU.

Si je suis bon, faut-il que tu m'offenses ?
Ton méchant cœur s'en prévaut chaque jour :
Plus de rigueur vaincrait tes résistances ;
Tu m'aimerais, si j'avais moins d'amour. (*bis.*)

LE PÉCHEUR.

Que je redoute un juge, un Dieu sévère!
J'ai prodigué des biens qui sont sans prix :
Comment oser vous appeler mon père ?
Comment oser me dire votre fils ?   (*bis.*)

DIEU.

Marche au grand jour que t'offre ma lumière,
A sa faveur tu peux faire le bien :
La nuit bientôt finira ta carrière,
Funeste nuit où l'on ne peut plus rien.   (*bis.*).

LE PÉCHEUR.

Dieu de bonté, principe de tout être,
Unique objet digne de nous charmer,
Que j'ai long-temps vécu sans vous connaître!
Que j'ai long-temps vécu sans vous aimer! (*bis.*)

DIEU.

Ta courte vie est un songe qui passe,
Et de ta mort le jour est incertain :
Si j'ai promis de te donner ta grâce,
T'ai-je jamais promis le lendemain ?   (*bis.*)

LE PÉCHEUR.

Votre bonté surpasse ma malice,
Pardonnez-moi ce long égarement ;
Je le déteste, il fait tout mon supplice,
Et pour vous seul j'en pleure amèrement. (*bis.*)

DIEU.

Le ciel doit-il te combler de délices
Dans le moment qui suivra ton trépas,
Ou bien l'enfer t'accabler de supplices ?
C'est l'un des deux, et tu n'y penses pas. (*bis.*)

LE PÉCHEUR.

Je ne vois rien que mon cœur ne défie,
Malheurs, tourmens ou plaisirs les plus doux.

Non, fallut-il cent fois perdre la vie,
Rien ne pourra me séparer de vous.   *(bis.)*

N° 9.   MÊME SUJET.

J'AI péché dès mon enfance,
J'ai chassé Dieu de mon cœur ;
J'ai perdu mon innocence,
J'ai perdu tout mon bonheur.
      J'ai péché, etc.

Oh ! qui mettra dans ma tête
Une fontaine de pleurs ;
A la perte que j'ai faite
Puis-je égaler mes douleurs ?
      Oh ! qui mettra, etc.

En livrant mon cœur au crime,
Dans quels maux l'ai-je plongé !
Dans quel effroyable abîme,
Hélas ! me suis-je engagé !
      En livrant, etc.

Riche trésor de la grâce,
Te perdant, j'ai tout perdu.
Que faut-il donc que je fasse,
Pour que tu me sois rendu ?
      Riche trésor, etc.

O que mon ame était belle,
Quand elle avait sa candeur !
Depuis qu'elle est criminelle,
O Dieu, quelle est sa laideur !
      O que mon ame, etc.

Mon Dieu, quel bonheur extrême,
Si j'étais mort au berceau !
Et si des fonts du baptème

On m'eût conduit au tombeau!
  Mon Dieu, etc.
 Malheur à vous, amis traîtres,
Mes plus cruels ennemis,
Qui fûtes mes premiers maîtres
Dans le mal que j'ai commis.
  Malheur à vous, etc.
 Ah! Seigneur, je vous aborde,
Tremblant et saisi d'effroi.
Dans votre miséricorde,
Jetez un regard sur moi.
  Ah! Seigneur, etc.
 Pardonnez à ce rebelle
Qui déplore son malheur.
Oui, désormais plus fidelle,
Il veut vous rendre son cœur.
  Pardonnez, etc.

Nº 10.   LA MORT.

 A la mort, à la mort,
 Pécheur, tout finira;
 Le Seigneur, à la mort,
  Te jugera.
Il faut mourir, il faut mourir;
De ce monde il nous faut sortir;
Le triste arrêt en est porté;
Il faut qu'il soit exécuté.
  A la mort, etc.
Comme une fleur qui se flétrit,
Ainsi l'homme bientôt périt;
L'affreuse mort vient de ses jours

En un moment trancher le cours.
    A la mort, etc.

Venez, pécheurs, près du cercueil,
Venez confondre votre orgueil ;
Là tout ce qu'on estime tant
Est enfin réduit au néant.
    A la mort, etc.

Esclaves de la vanité,
Que deviendra votre beauté ;
Vos traits sans forme et sans couleur,
Vous rendront un objet d'horreur.
    A la mort, etc.

Vous qui suivez tous vos désirs,
Qui vous plongez dans les plaisirs,
Pour vous quel affreux changement
La mort va faire en ce moment !
    A la mort, etc.

Plus de trésors, plus de grandeurs,
Plus de jeux, de ris, de douceurs ;
Ces biens dont vous êtes jaloux,
Vont tout-à-coup périr pour vous.
    A la mort, etc.

Adieu, famille, adieu, parens,
Adieu, chers amis, chers enfans ;
Votre cœur se désolera,
Mais tout enfin vous quittera.
    A la mort, etc.

S'il vous fallait subir l'arrêt,
Qui de vous, chrétiens, serait prêt ?
Combien dont le funeste sort
Serait une éternelle mort !
    A la mort, etc.

Tout n'est que vanité,
Mensonge, fragilité,
Dans tous ces objets divers,
Qu'offre à nos regards l'univers.
Tous ces brillans dehors,
Cette pompe,
Ces biens, ces trésors,
Tout nous trompe,
Tout nous éblouit ;
Mais tout nous échappe et s'enfuit.

Telles qu'on voit les fleurs,
Avec leurs vives couleurs,
Eclore, s'épanouir ;
Se faner, tomber et périr ;
Tel est des vains attraits
Le partage ;
Tel l'éclat, les traits
Du bel âge,
Après quelques jours,
Perdent leur beauté pour toujours.

En vain, pour être heureux,
Le jeune voluptueux
Se plonge dans les douceurs
Qu'offrent les mondains séducteurs :
Plus il suit les plaisirs
Qui l'enchantent,
Et moins ses désirs
Se contentent :
Le bonheur le fuit
A mesure qu'il le poursuit.

Que doivent devenir
Pour l'homme qui doit mourir,
Ces biens long-temps amassés,
Cet argent, cet or entassés ?
Fût-il du genre humain
Seul le maître,
Pour lui tout enfin
Cesse d'être :
Au jour de son deuil,
Il n'a plus à lui qu'un cercueil.

J'ai vu l'impie heureux
Porter son air fastueux
Et son front audacieux
Au-dessus du cèdre orgueilleux :
Au loin tout révérait
Sa puissance,
Et tout adorait
Sa présence.
Je passe, et soudain
Il n'est plus, je le cherche en vain.

Que sont-ils devenus
Ces grands, ces guerriers connus,
Ces hommes dont les exploits
Ont soumis la terre à leurs lois ?
Les traits éblouissans
De leur gloire,
Leurs noms florissans,
Leur mémoire,
Avec les héros,
Sont entrés au sein des tombeaux.

Au savant orgueilleux

Que sert un génie heureux,
Un nom devenu fameux
Par mille travaux glorieux ?
Non , les plus beaux talens,
L'éloquence ,
Les succès brillans,
La science ,
Ne servent de rien
A qui ne sait vivre en chrétien.

Arbitre des humains ,
Dieu seul tient entre ses mains
Les évènemens divers,
Et le sort de tout l'univers :
Seul il n'a qu'à parler,
Et la foudre
Va frapper, brûler,
Mettre en poudre
Les plus grands héros,
Comme les plus vils vermisseaux.

La mort, dans son courroux,
Dispense à son gré ses coups ,
N'épargne ni le haut rang,
Ni l'éclat auguste du sang.
Tout doit un jour mourir,
Tout succombe,
Tout doit s'engloutir
Dans la tombe :
Les sujets, les rois,
Iront s'y confondre à la fois.

Oui la mort à son choix,
Soumet tout âge à ses lois ,

Et l'homme ne fut jamais
A l'abri d'un seul de ses traits :
  Comme sur son retour,
    La vieillesse,
  Dans son plus beau jour ;
    La jeunesse,
  L'enfance au berceau,
Trouvent tour-à-tour leur tombeau.

  Oh ! combien malheureux
  Est l'homme présomptueux
  Qui, dans ce monde trompeur,
Croit pouvoir trouver son bonheur !
  Dieu seul est immortel,
    Immuable.,
  Seul grand, éternel,
    Seul aimable ;
  Avec son secours,
Soyons à lui seul pour toujours.

N° 12.   REMORDS DU PÉCHEUR.

Comment goûter quelque repos
Dans les tourmens d'un cœur coupable ?
Loin de vous, ô Dieu tout aimable !
Tous les biens ne sont que des maux.
J'ai fui la maison de mon Père,
A la voix du monde enchanté :
Il promet la félicité,
Mais il n'enfante que misère.

  Créateur justement jaloux,
Ah ! voyez ma douleur profonde.
Ce que j'ai souffert pour le monde,

Si je l'avais souffert pour vous !
J'ai poursuivi dans les alarmes
Le fantôme des vains plaisirs :
Ah ! j'ai semé dans les plaisirs,
Et je moissonne dans les larmes.

Qui me rendra de la vertu
Les douces, les heureuses chaînes ?
Mon cœur, sous le poids de ses peines,
Succombe et languit, abattu.
J'espérais, ô triste folie !
Vivre tranquille et criminel ;
J'oubliais l'oracle éternel :
« Il n'est point de paix pour l'impie. »

De mon abîme, ô Dieu clément !
J'ose t'adresser ma prière ;
Cessas-tu donc d'être mon Père,
Si je fus un indigne enfant ?
Hélas ! le lever de l'aurore
Aux pleurs trouve mes yeux ouverts ;
Et la nuit couvre l'univers,
Que mon âme gémit encore.

A peine a brillé ma raison,
Qu'à ton amour j'ai fait outrage :
J'ai dissipé ton héritage,
J'ai déshonoré ta maison.
Je n'ose demander ma place,
Ni prendre le doux nom de fils
Parmi tes serviteurs admis,
A ta bonté je rendrai grace.

Mais quelle voix !... qu'ai-je entendu ?
« De concerts que tout retentisse,

« Que le ciel lui-même applaudisse ;
« Mon cher fils enfin m'est rendu. »
Dieu ! je vois mon Père , il s'empresse ;
L'amour précipite ses pas :
Il veut me serrer dans ses bras ,
Baigné des pleurs de sa tendresse.

Ce Père tendre et plein d'amour ,
Mon ame , c'est ton Dieu lui-même ;
En fait-il assez pour qu'on l'aime ?
Sois fidèle enfin sans retour.
Que ta bonté , Seigneur , efface
Les jours où j'oubliai ta loi ;
Un pécheur qui revient à toi
Est le chef-d'œuvre de ta grace.

N° 13.   LE JUGEMENT.

DIEU va déployer sa puissance ;
Le temps comme un songe s'enfuit,
Les siècles sont passés, l'éternité commence,
Le monde va rentrer dans l'horreur de la nuit.
        Dieu , etc.
J'entends la trompette effrayante ;
Quel bruit ! quels lugubres éclairs !
Le Seigneur a lancé la foudre étincelante,
Et ses feux dévorans embrasent l'univers.
        J'entends , etc.
Les monts foudroyés se renversent,
Les êtres sont tous confondus :
La mer ouvre son sein ; les ondes se dispersent,
Tout est dans le cahos , et la terre n'est plus.
        Les monts , etc.

Sortez des tombeaux, ô poussière,
Dépouille des pâles humains :
Le Seigneur vous appelle,il vous rend la lumière;
Il va sonder les cœurs, et fixer vos destins.
        Sortez, etc.
    Il vient, tout est dans le silence;
    Sa croix porte au loin la terreur :
Le pécheur consterné frémit à sa présence,
Et le juste lui-même est saisi de frayeur.
        Il vient, etc.
    Assis sur un trône de gloire,
    Il dit : Venez, ô mes élus !
Comme moi vous avez remporté la victoire ;
Recevez de mes mains le prix de vos vertus.
        Assis, etc.
    Tombez dans le sein des abîmes,
    Tombez, pécheurs audacieux ;
De mon juste courroux, immortelles victimes,
Vils suppôts des démons, vous brûlerez comme eux.
        Tombez, etc.   eux.
    Vous n'êtes plus vaines chimères,
    Objets d'un sacrilége amour :
Fléaux du genre humain, oppresseurs de vos frères,
Héros tant célébrés, qu'êtes-vous dans ce jour ?
        Vous n'êtes, etc.
    Triste éternité de supplices,
    Tu vas donc commencer ton cours !
De l'heureuse Sion ineffables délices,
Bonheur,gloire des saints, vous durerez toujours!
        Triste éternité, etc.
    Grand Dieu qui sera la victime
    De ton implacable fureur?

Quel noir pressentiment me tourmente et m'opprime !
La crainte et les remords me déchirent le cœur.
Grand Dieu, etc.

De tes jugemens, Dieu sévère,
Pourrai-je subir les rigueurs ?
J'ai péché, mais ton sang désarme ta colère ;
J'ai péché, mais mon crime est éteint par mes pleurs.
De tes jugemens, etc.

N° 14.   MÊME SUJET.

TREMBLEZ, habitans de la terre,
Tremblez, le Seigneur va venir ;
Vous osâtes, pécheurs, lui déclarer la guerre ;
Il paraitra bientôt, il viendra vous punir.
Tremblez, etc.

Venez, descendez, cour céleste ;
Saints Anges, suivez le Seigneur :
Venez, feu, grêle, éclairs, vents, tempête funeste,
Paraissez, armez-vous pour punir le pécheur.
Venez, etc.

Grondez dans les airs, ô tonnerre ;
Soleil et lune, éclipsez-vous :
Pour punir le pécheur, ô ciel, ô mer, ô terre,
Armez-vous ; du Seigneur partagez le courroux.
Grondez, etc.

Sortez du profond des abîmes,
Venez, ô monstres infernaux :
Saisissez les pécheurs, et punissez leurs crimes ;
Préparez des tourmens, rassemblez tous les maux.
Sortez, etc.

Paraissez devant votre Juge,

2

En ce redoutable moment.
Pour éviter ses coups il n'est plus de refuge :
Rois, peuples, grands, petits, venez au jugement.

   Paraissez, etc.

  Ouvre, pécheur, ouvre l'oreille,
  Et connais ton malheureux sort :
Celui qu'un si grand bruit n'épouvante et n'éveille,
Ne dort pas seulement, mais il est déjà mort.

   Ouvre, etc.

  Pour nous délivrer des alarmes
  Qui dans ce jour fondront sur nous,
Fléchissons notre Juge, ayons recours aux larmes ;
Tâchons par nos sanglots de calmer son courroux.

   Pour calmer, etc.

N° 15.   L'ENFER.

O brasiers de l'enfer, ô flammes dévorantes,
Qu'un Dieu, dans son courroux, ne cesse d'al-
  lumer ;
Vous brûlez le pécheur, dans ses prisons ar-
  dentes,
  Vous le brûlez, mais sans le consumer !

Un mal, quoique léger, nous semble insuppor-
  table,
Lorsque c'est pour long-temps qu'il nous faut
  l'endurer ;
Mais l'enfer est le mal le plus intolérable,
 Et la rigueur en doit toujours durer.

Après avoir souffert des millions d'années,
Et le plus long des temps que l'esprit peut
  penser,

Les damnés, loin de voir leurs peines terminées,
   Les sentiront toujours recommencer.

De ces peines sans fin la pensée accablante
Afflige leur esprit sans cesser un moment :
L'éternité pour eux toute entière est présente :
   L'éternité fait leur plus grand tourment.

Eternels hurlemens, tortures éternelles ;
Feux, brasiers éternels, éternelle fureur ;
O peines de l'enfer, que vous êtes cruelles !
   Peut-on vous croire, et demeurer pécheur !

O vous, cœurs obstinés, aveugles dans le crime,
Qui ne redoutez point la colère des cieux,
Un jour, ensevelis dans l'éternel abîme,
   Hélas ! trop tard vous ouvrirez les yeux.

Craignons, mortels, craignons ce gouffre for-
     midable,
Portons-en dans l'esprit un souvenir constant :
Le vice alors pour nous n'aura plus rien d'ai-
     mable,
   Et la vertu plus rien de rebutant.

Grand Dieu, Dieu tout-puissant, terrible en vos
     vengeances,
Purifiez nos cœurs avant notre trépas :
Coupez, brûlez, tranchez, punissez nos offenses,
   Mais pour toujours ne nous condamnez pas.

N° 16.   MÊME SUJET.

TREMBLEZ, habitans de la terre,
   Tremblez, le Seigneur va venir :
Le Ciel dans son courroux fait gronder le ton-
     nerre ;

Heureux qui sait prévoir l'effroyable avenir !
    Tremblez , etc.
    Mon cœur , aveuglé par le crime ,
    Se jouait de l'éternité ,
Mais , ô fatale erreur ! dans un affreux abîme
Au moment du trépas je fus précipité.
    Mon cœur , etc.
    Venez, trop aveugle jeunesse ,
    Venez vous instruire aux tombeaux ;
Vous connaîtrez enfin le prix de la sagesse ,
Lorsque vous entendrez le récit de mes maux.
    Venez , etc.
    Dans cet océan de souffrances ,
    Comment raconter mes malheurs ?
Percé par mille traits des célestes vengeances ,
Victime de l'enfer , en proie à ses horreurs.
    Dans cet océan , etc.
    Du sein de ce lieu de ténèbres
    S'élève une noire vapeur ;
Les abîmes , couverts de ces voiles funèbres ,
Ne sont plus qu'un séjour d'épouvante et d'horreur.
    Du sein , etc.
    Bonheur , paradis de délices !
    Beau ciel , ô cité des élus !
J'étais créé pour vous , et d'éternels supplices
Sont devenus ma part : je suis mort sans vertus.
    Bonheur , etc.
    Si le Ciel , à mes vœux propice ,
    Devoit un jour briser mes fers ,
Que ne ferais-je pas pour calmer sa justice ?
Mais il faudra toujours souffrir dans les enfers.
    Si le Ciel , etc.

N° 17. LE CIEL.

QUAND, de la terre où je soupire,
  Volerai-je vers les cieux?
Loin de Jésus ma joie expire,
  Les pleurs coulent de mes yeux.
O Sion, demeure chérie,
Des élus aimable patrie!
Quand goûterai-je tes douceurs?

Ici les ombres m'environnent;
  Je ne vois ni mon Sauveur,
Ni les splendeurs qui le couronnent;
  Le péché souille mon cœur.
    O Sion, etc.
Je dis à l'aurore naissante:
  Quand luira mon dernier jour?
A la nuit: Comble mon attente.
  Rien n'exauce mon amour.
    O Sion, etc.
Fuyez, fuyez, heures cruelles!
  Mon exil est un tourment;
Vers les collines éternelles,
  Je m'élance à chaque instant.
    O Sion, etc.
Là, tariront enfin mes larmes;
  Là, finiront mes langueurs;
Là, je puiserai sans alarmes
  A la source des douceurs.
    O Sion, etc.
Fleuve de paix! joie ineffable!
  Vous serez toujours à moi.
Toujours mes yeux, Etre adorable,

Se reposeront sur toi.
O Sion, etc.
Paré des vêtemens de gloire,
Je dirai l'hymne sans fin :
Reconnaissance, honneur, victoire,
Amour à l'Agneau divin !
O Sion, etc.
J'entends vos sublimes cantiques
Et vos chants mélodieux ;
Je vois vos fêtes magnifiques,
Heureux habitans des cieux.
O Sion, etc,

Nᵉ 18.   MÊME SUJET.

QUAND vous contemplerai-je,
O céleste séjour !
Quand, ô mon Dieu, serai-je
Avec vous pour toujours ?
O régions si belles,
Où tout comble mes vœux !
Ah ! que n'ai-je des ailes
Pour m'envoler aux cieux !
Ah ! comblez mon attente,
En m'attirant à vous ;
Mon ame languissante
Ne désire que vous.
O régions, etc.
Partons donc, ô mon ame !
Quittons ces tristes lieux ;
D'une divine flamme
Allons brûler aux cieux.
O régions, etc.

Ni les biens, ni la gloire,
Ne peuvent rendre heureux ;
Chrétiens, il faut le croire :
Le bonheur n'est qu'aux cieux,
    O régions, etc.

Non, non, toute la terre
Ne peut remplir mon cœur.
Qui peut me satisfaire ?
Vous seul, vous seul, Seigneur,
    O régions, etc.

Quoi ! l'on est tant avide
Pour les biens d'ici-bas,
Et le seul bien solide
On ne le cherche pas !
    O régions, etc.

Ah ! méprisons la terre,
Ses biens et ses plaisirs ;
Non, rien ne peut y plaire,
Au ciel sont nos désirs.
    O régions, etc.

Le seul point nécessaire,
Oui, c'est le Paradis :
Voilà l'unique affaire ;
Heureux qui l'a compris !
    O régions, etc.

N° 19.   **LE PURGATOIRE.**

Au fond des brûlans abîmes
Nous gémissons, nous pleurons ;
Et pour expier nos crimes,
Loin de Dieu nous y souffrons.

Hélas ! hélas !
Feu vengeur, de tes victimes
Les pleurs ne t'éteignent pas !
Hélas ! hélas ! etc.

A l'aspect de nos supplices,
Chrétiens, attendrissez-vous :
A nos maux soyez propices,
O nos frères, sauvez-nous !
Hélas ! hélas !
Le ciel, sans vos sacrifices,
Ne les abrégera pas.
Hélas ! hélas ! etc.

Tandis que les ames pures
Prennent leur vol vers les cieux,
Mille légères souillures
Nous retiennent dans ces feux.
Hélas ! hélas !
Dans ces cruelles tortures
Ne nous abandonnez pas.
Hélas ! hélas ! etc.

De ces flammes dévorantes
Vous pouvez nous arracher :
Hâtez-vous, ames ferventes ;
Dieu se laissera toucher.
Hélas ! hélas !
De ces peines si cuisantes
La fin ne vient-elle pas ?
Hélas ! hélas ! etc.

Des soupirs, des vœux, des larmes,
Offerts au Seigneur pour nous,
Seraient de puissantes armes
Contre son juste courroux.

Hélas hélas !
Dans nos maux, dans nos alarmes
Ne nous aiderez-vous pas?
Hélas! hélas! etc.
Grand Dieu, de votre justice
Désarmez le bras vengeur:
Que notre malheur finisse
Par le sang d'un Dieu sauveur!
Hélas! hélas!
Votre main libératrice
Ne s'étendra-t-elle pas?
Hélas! hélas! etc.

N° 20.   MISÉRICORDE.

GRACE, grace, Seigneur, arrête tes ven-
        geances,
Et détourne un moment tes regards irrités.
J'ai péché, mais je pleure ; oppose à mes
        offenses,
Oppose à leur grandeur celle de tes bontés.
Je sais tous mes forfaits, j'en connais l'étendue :
En tous lieux, à toute heure ils parlent contre
        moi :
Par tant d'accusateurs mon ame confondue
Ne prétend pas contre eux disputer devant toi.

Tu m'avais, par la main, conduit dès ma nais-
        sance,
Sur ma faiblesse en vain je voudrais m'excuser ;
Tu m'avais fait, Seigneur, goûter ta connais-
        sance ;
Mais, hélas ! de tes dons je n'ai fait qu'abuser.

De tant d'iniquités la foule m'environne :
Fils ingrat, cœur perfide ; en proie à mes re-
    mords,
La terreur me saisit, je tremble, je frissonne ;
Pâle, et les yeux éteints, je descends chez les
    morts.

Ma voix sort du tombeau ; c'est du fond de
    l'abîme
Que j'élève vers toi mes lugubres accens :
Fais monter jusqu'aux pieds de ton trône su-
    blime
Cette mourante voix et ces cris languissans.

O mon Dieu ! quoi, ce nom, je le prononce
    encore !
Non, non, je t'ai perdu, j'ai cessé de t'aimer.
O toi, qu'en frémissant je supplie et j'adore,
Grand Dieu ! d'un nom si doux puis-je oser te
    nommer !

Dans les gémissemens, l'amertume et les larmes,
Je rappelle des jours passés dans les plaisirs ;
Et voilà tout le fruit de ces jours pleins de
    charmes :
Un souvenir affreux, la honte et les soupirs.

Ces soupirs, devant toi, sont ma seule défense ;
Un coupable, par eux, ne peut-il t'attendrir ?
N'as-tu pas un trésor de grace et de clémence ?
Dieu de miséricorde, il est temps de l'ouvrir.

Où fuir, où me cacher, tremblante créature,
Si tu viens en courroux pour compter avec moi ?

Que dis-je ? Etre infini, ta grandeur me rassure;
Trop heureux de n'avoir à compter qu'avec toi.
L'homme seul est pour l'homme un juge inexo-
    rable :
Où l'esclave aurait-il appris à pardonner ?
C'est la gloire du Maître : absoudre le coupable
N'appartient qu'à celui qui peut le condamner.
Tu le peux, mais souvent tu veux qu'il te dé-
    sarme :
Il te fait violence, et devient ton vainqueur :
Le combat n'est pas long, il ne faut qu'une larme:
Que de péchés efface une larme du cœur !

N° 21.   MÊME SUJET.

    SEIGNEUR, Dieu de clémence,
Reçois ce grand pécheur,
A qui la pénitence
Touche aujourd'hui le cœur.
Vois d'un œil secourable
L'excès de son malheur,
Et d'un cœur trop coupable
Accepte la douleur.
    Je suis un infidèle
Qui méconnus tes lois,
Un perfide, un rebelle
Qui péchai mille fois ;
Jamais dans l'innocence
Je n'ai coulé mes jours :
Toujours plus d'une offense
En a terni le cours.
    Chargé de mille crimes,

Souvent j'ai mérité
D'entrer dans les abîmes
Pour une éternité :
J'ai peu craint la colère
De ton bras irrité ;
Mais cependant j'espère,
Seigneur, en ta bonté.

Lorsqu'à ton indulgence
Un coupable a recours,
Des traits de ta vengeance
Ton cœur suspend le cours ;
Rempli de confiance,
J'ose venir à toi :
Au nom de ta clémence,
Grand Dieu, pardonne-moi.

Hélas ! quand je rappelle
Combien je suis pécheur,
Une douleur mortelle
S'empare de mon cœur.
Par quel malheur extrême
Ai-je offensé souvent
Un Dieu, la bonté même,
Un Dieu si bienfaisant ?

Fuis loin, péché funeste,
Dont je fus trop charmé ;
Péché, je te déteste
Autant que je t'aimai.
O Dieu, mon tendre Père !
Tu vois mon repentir ;
Avant de te déplaire,
Plutôt, plutôt mourir.

Oui, mon cœur le déteste ;

Plus de péché pour moi :
Le Ciel, que j'en atteste,
Garantira ma foi.
Le Dieu qui me pardonne
Aura seul mon amour ;
A lui seul je le donne
Sans borne et sans retour.

N° 22. PASSION DE NOTRE SEIGNEUR.

Au sang qu'un Dieu va répandre,
Ah ! mêlez du moins vos pleurs,
Chrétiens qui venez entendre
Le récit de ses douleurs.
Puisque c'est pour vos offenses
Que ce Dieu souffre aujourd'hui,
Animés par ses souffrances,
Vivez et mourez pour lui.

Dans un jardin solitaire,
Il sent de rudes combats ;
Il prie, il craint, il espère ;
Son cœur veut et ne veut pas :
Tantôt la crainte est plus forte,
Tantôt l'amour est plus fort ;
Mais enfin l'amour l'emporte,
Et lui fait choisir la mort.

Judas, que la fureur guide,
L'aborde d'un air soumis ;
Il l'embrasse, et ce perfide
Le livre à ses ennemis.
Judas, un pécheur t'imite,
Quand il feint de l'appaiser :

3

Souvent sa bouche hypocrite
Le trahit par un baiser.

On l'abandonne à la rage
De cent tigres inhumains ;
Sur son aimable visage
Les soldats portent leurs mains.
Vous deviez, Anges fidèles,
Témoins de ces attentats,
Ou le couvrir sous vos ailes,
Ou frapper tous ces ingrats.

Ils le traînent au grand-Prêtre,
Qui seconde leur fureur,
Et ne veut le reconnaître
Que pour un blasphémateur.
Quand il jugera la terre,
Ce Sauveur aura son tour ;
Aux éclats de son tonnerre
Tu le connaîtras un jour.

Tandis qu'il se sacrifie,
Tout conspire à l'outrager :
Pierre lui-même l'oublie,
Et le traite d'étranger ;
Mais Jésus perce son ame
D'un regard tendre et vainqueur ;
Et met d'un seul trait de flamme
Le repentir dans son cœur.

Chez Pilate on le compare
Au dernier des scélérats.
Qu'entends-je ? ô peuple barbare !
Tes cris sont pour Barabbas.

Quelle indigne préférence !
Le juste est abandonné ;
On condamne l'innocence ,
Et le crime est pardonné.

On le dépouille , on l'attache,
Chacun arme son courroux :
Je vois cet Agneau sans tache
Tombant presque sous les coups.
C'est à nous d'être victimes ;
Arrêtez, cruels bourreaux !
C'est pour effacer vos crimes
Que son sang coule à grands flots.

Une couronne cruelle
Perce son auguste front :
A ce chef, à ce modèle,
Mondains, vous faites affront.
Il languit dans les supplices ;
C'est un homme de douleurs :
Vous vivez dans les délices :
Vous vous couronnez de fleurs.

Il marche , il monte au Calvaire ,
Chargé d'un infâme bois.
De là, comme d'une chaire ,
Il fait entendre sa voix.
Ciel , dérobe à ta vengeance
Ceux qui m'osent outrager.
C'est ainsi, quand on l'offense,
Qu'un chrétien doit se venger.

Une troupe mutinée
L'insulte et crie à l'envi :

S'il changeait sa destinée,
Nous croirions tous en lui.
Il peut la changer sans peine,
Malgré vos nœuds et vos clous ;
Mais le nœud qui seul l'enchaîne,
C'est l'amour qu'il a pour nous.

'Ah ! de ce lit de souffrance,
Seigneur, ne descendez pas :
Suspendez votre puissance,
Restez-y jusqu'au trépas.
Mais tenez votre promesse,
Attirez-nous après vous ;
Pour prix de votre tendresse,
Puissions-nous y mourir tous !

Il expire, et la nature,
Dans lui pleure son Auteur,
Il n'est point de créature
Qui ne marque sa douleur.
Un spectacle si terrible
Ne pourra-t-il me toucher,
Et serai-je moins sensible
Que n'est le plus dur rocher ?

N° 23. PLAINTES DE JÉSUS ABANDONNÉ
DES HOMMES.

PEUPLE infidèle,
Quoi ! vous me trahissez !
Je vous appelle,
Et vous me délaissez.
Si je suis votre père,
Cessez de me déplaire.

Enfans ingrats,
Revenez dans mes bras.

Mon cœur soupire
Et la nuit et le jour :
Il ne désire
Qu'un sentiment d'amour.
Hélas! pour une idole
On se livre, on s'immole :
Et pour Jésus,
On n'a que des refus.

En vain mes charmes
S'offrent à mes enfans ;
En vain mes larmes
S'écoulent par torrens :
Dédaignant ma tendresse,
Ils m'outragent sans cesse ;
Avec transport
Ils courent à la mort.

Que puis-je faire
Pour attendrir vos cœurs ?
J'ai du Calvaire
Epuisé les douleurs.
J'ai fermé les abîmes
Qu'avaient ouvers vos crimes ;
Et vous, ingrats,
Vous fuyez de mes bras !

Quel sacrifice
Exigez-vous encor ?
Que je subisse

Une nouvelle mort ?
J'y vole, je l'appelle :
Viens, frappe, mort cruelle !
　　Mais, dans mes bras,
Ramène ces ingrats.

　　Leurs mains impures
Renouvellent mes maux ;
　　De mes blessures
Le sang coule à grands flots ;
Mon Père m'abandonne ;
Le trépas m'environne,
　　Je meurs.... Ingrats,
Jetez-vous dans mes bras.

　　Jésus expire ;
Jésus est délaissé.
　　Par quel délire
L'homme est-il donc poussé ?
Il fuit son bien suprême,
Un Dieu, la bonté même.
　　De son Sauveur
Il déchire le cœur.

　　Ah ! divin Maître !
Je vous rends mon amour ;
　　De tout mon être,
Disposez sans retour.
Séchez enfin vos larmes :
L'ingrat vous rend les armes ;
　　Et son vainqueur,
C'est votre divin Cœur.

N° 24.　　　　　LA CROIX.

Le Seigneur a régné : monument de sa gloire ,
　　La Croix triomphe en ce grand jour.
Peuples, applaudissez : que les chants de victoire
　　Se mêlent aux concerts d'amour.
　　　Le Dieu de majesté s'avance ,
　　　Il vient habiter parmi nous :
　　　Pécheurs , fuyez de sa présence ;
　　　Justes , tombez à ses genoux.
Chœur. Lève-toi , signe salutaire ,
　　　Bois auguste , bois protecteur ;
　　　Lève-toi , brille sur la terre ,
　　　Astre de paix et de bonheur.

Applanissez la voie à celui que les Anges
　　Transportent des hauteurs des cieux :
Le Seigneur est son nom ; rendez mille louanges
　　A ce nom saint et glorieux.
　　　Pour le méchant , juge sévère ,
　　　Mais, pour le juste, Dieu Sauveur ;
　　　En lui l'orphelin trouve un père ,
　　　Et la veuve un consolateur.
Chœur. Lève-toi , signe salutaire ,
　　　Bois auguste , bois protecteur ;
　　　Lève-toi , brille sur la terre ,
　　　Astre de paix et de bonheur.

Telle du Roi pasteur la lyre pénétrée
　　Du feu de l'inspiration ,
Célébrait le transport de l'Arche révérée
　　Sur la montagne de Sion.
　　　Le ciel répandit sa rosée

Aux lieux choisis pour son séjour,
Et la terre fertilisée
Tressaillit de crainte et d'amour.
Chœur. Lève-toi, signe salutaire,
Bois auguste, bois protecteur ;
Lève-toi, brille sur la terre,
Astre de paix et de bonheur.

L'élite des tribus, les époux et les mères,
L'enfant à côté du vieillard,
Les prêtres, les guerriers, heureux peuple de frères,
Du Dieu vivant suivaient le char.
Pleines de joie, à son passage,
Les vierges conduites en chœurs,
Lui présentaient le double hommage
Et de leurs voix et de leurs cœurs.
Chœur. Lève-toi, signe salutaire,
Bois auguste, bois protecteur ;
Lève-toi, brille sur la terre,
Astre de paix et de bonheur.

Plus heureux qu'Israël, de sa reconnaissance
Imitons les transports joyeux :
Israël ne vivait que de son espérance,
De ses soupirs et de ses vœux.
Sortis de cette nuit profonde,
A nos yeux il est élevé,
Le Dieu puissant qui fit le monde,
Par qui le monde fut sauvé.
Chœur. Lève-toi, signe salutaire,
Bois auguste, bois protecteur ;
Lève-toi, brille sur la terre,
Astre de paix et de bonheur.

Dieu se lève, par lui sur la sainte montagne
    La terre et les cieux vont s'unir ;
Avec ce doux regard que la grace accompagne,
    Il tend les bras pour nous bénir.
    Si jamais nous étions parjures,
    Nous viendrions pleurer à ses pieds,
    Et retremper dans ses blessures
    Nos cœurs contrits, humiliés.

Chœur. Lève-toi, signe salutaire,
    Bois auguste, bois protecteur ;
    Lève-toi, brille sur la terre,
    Astre de paix et de bonheur.

N° 25.   MÊME SUJET.

VIVE Jésus, vive sa croix ;
O qu'il est bien juste qu'on l'aime,
Puisqu'en expirant sur ce bois
Il nous aima plus que lui-même !
Chrétiens, chantons à haute voix :
Vive Jésus, vive sa croix.

Gloire à cette divine croix ;
Le Sauveur l'ayant épousée,
Elle n'est plus, comme autrefois,
Un objet d'horreur, de risée.
    Chrétiens, etc.

Gloire à cette divine croix,
Arbre dont le fruit salutaire
Répare le mal qu'autrefois
Fit le péché du premier père.
    Chrétiens, etc.

Gloire à cette divine croix ;
C'est l'étendard de sa victoire :
Par elle il nous donna ses lois,
Par elle il entra dans sa gloire.
   Chrétiens , etc.

Gloire à cette divine croix ,
De tous nos biens source féconde,
Qui , dans le sang du Roi des rois ,
A lavé les péchés du monde.
   Chrétiens , etc.

Gloire à cette divine croix ,
La chaire de son éloquence,
Où , me prêchant ce que je crois ,
Il m'apprend tout par son silence.
   Chrétiens , etc.

Gloire à cette divine croix ;
Ce n'est pas le bois que j'adore ,
Mais c'est mon Sauveur , sur ce bois ,
Que je révère et que j'implore.
   Chrétiens , etc.

Gloire à cette divine croix :
Prenons-la pour notre partage ;
Ce juste , cet aimable choix
Conduit au céleste héritage.
   Chrétiens , etc.

N° 26. LE CHRÉTIEN SAUVÉ PAR LA CROIX.

UNE VOIX.

PUISSANT Roi des rois ,
Mort pour moi sur le Calvaire ,

Du haut de ce bois
Daigne entendre ma faible voix.

LE CHŒUR.

Puissant Roi des rois ,
Mort pour nous sur le Calvaire ,
Du haut de ce bois
Daigne entendre nos faibles voix.

UNE VOIX.

Viens , viens m'ombrager de ta Croix ;

LE CHŒUR.

Ombre salutaire ,

UNE VOIX.

Arbre de tout le genre humain ,

LE CHŒUR.

Forcé du chrétien ,
Viens , viens , viens.

UNE VOIX.

O Dieu rédempteur ,
Prends pitié de mon enfance !
O divin Sauveur ,
Porte le calme dans mon cœur !

LE CHŒUR.

O Dieu rédempteur ,
Prends pitié de notre enfance !
O divin Sauveur ,
Sois toujours notre protecteur !

UNE VOIX.

Jésus , sois toujours mon bonheur

LE CHŒUR.

Et notre espérance.

UNE VOIX.

Jésus, sois mon unique bien,

LE CHŒUR.

Et notre soutien ;
Viens, viens, viens.

UNE VOIX.

Ah ! reviens à moi,
Sans toi je cesserais d'être :
Mon cœur et ma foi
Seront fidèles à ta loi.

LE CHŒUR.

Ah ! reviens, sans toi,
Sans toi nous cesserions d'être :
Nos cœurs, notre foi,
Seront fidèles à ta loi.

UNE VOIX.

Oui, tu seras toujours mon Roi,

LE CHŒUR.

Notre divin maître.

UNE VOIX.

Tu seras toujours mon soutien,

LE CHŒUR.

Et notre vrai bien ;
Viens, viens, viens.

UNE VOIX.

Croix de mon Sauveur,
O trésor inépuisable !
Source de bonheur,
Reçois l'hommage de mon cœur.

LE CHŒUR.

Croix du Rédempteur,
O trésor inépuisable !
Source de bonheur,
Reçois l'hommage de nos cœurs.

UNE VOIX.

Viens me combler de tes faveurs,

LE CHŒUR.

O Croix adorable !

UNE VOIX.

Et sois l'appui du vrai chrétien.

LE CHŒUR.

Aimable soutien,
Viens, viens, viens.

LE CHŒUR RÉPÈTE DEUX FOIS :

Célébrons à jamais
Son triomphe et sa puissance,
Célébrons à jamais
Et sa gloire, et ses bienfaits.

Nº 27.   LA CONTRITION.

MON doux Jésus, enfin voici le temps

De pardonner à nos cœurs pénitens ;
Nous n'offenserons jamais plus
Votre bonté suprême,
O doux Jésus.

Un Prêtre seul : *Parce, Domine, parce po-*
pulo tuo :
Tous les Fidèles : *Ne in æternum irascaris*
nobis.

Puisqu'un pécheur vous a coûté si cher,
Faites-lui la grace, il ne veut plus pécher.
Ah ! ne perdez pas, cette fois,
La conquête admirable
De votre croix.
Parce, etc.

Enfin, mon Dieu, nous sommes à genoux,
Pour vous prier de pardonner à tous ;
Pardonnez-nous, ô Dieu clément !
Lavez-nous de nos crimes
Dans votre sang.
Parce, etc.

N° 28.   MÊME SUJET.

Mon Dieu, mon cœur touché
D'avoir péché
Demande grace.
Joins à tous tes bienfaits
L'oubli de mes forfaits ;
Je n'ose plus du ciel contempler la surface.
Refr. Pardon, mon Dieu, pardon,
Mon Dieu, pardon.
N'es-tu pas un Dieu bon ?   *bis.*

Mon Dieu , pardon ;
N'es-tu pas un Dieu bon ?

Ah ! dans cette saison
Où ma raison
Devait te suivre ,
J'errais des jours entiers
Dans de honteux sentiers ;
Comment à mes malheurs m'as-tu laissé survivre?

Tu me disais souvent :
Viens , mon enfant ,
Ma voix t'appelle ;
J'allais à mes plaisirs ,
Au gré de mes désirs ;
Et tu pus si long-temps souffrir un fils rebelle.

Je pouvais bien périr
Sans recourir
A ta clémence ,
J'allais traîner mes fers
Dans le fond des enfers ;
Comment porter alors le poids de ta vengeance.

Etant si sensuel ,
D'un feu cruel ,
Souffrir la peine !
Formé pour le bonheur ,
Gémir dans la douleur ,
Et d'un Dieu courroucé porter toujours la haine

Mon Dieu , toujours gémir ,
Jamais jouir
De ta présence :
Na'voir aucun espoir

D'aller enfin te voir;
Comment souffrir l'ennui d'une éternelle absence !

Condamné par ta loi,
Privé de toi
Par ma malice,
Coupable infortuné,
Pourquoi serais-je né ?
Fais taire à mon égard les droits de ta justice.

Plus juste désormais,
Et pour jamais
Brebis fidèle,
Je vivrai dans les pleurs,
Dans les saintes rigueurs,
Heureux si je parviens à la gloire immortelle !

N° 29. EFFROI DU PÉCHEUR A LA VUE
DE SON ÉTAT.

HÉLAS ! quelle douleur
Remplit mon cœur,
Fait couler mes larmes !
Hélas ! quelle douleur
Remplit mon cœur
De crainte et d'horreur !
Autrefois,
Seigneur, sans alarmes,
De tes lois
Je goûtai les charmes ;
Hélas ! vœux superflus !
Beaux jours perdus,
Vous ne serez plus.

La mort déjà me suit ;
O triste nuit,
Déjà je succombe !
La mort déjà me suit ;
Le monde fuit ;
Tout s'évanouit.
Je la vois
Entr'ouvrant ma tombe,
Et sa voix
M'appelle, et j'y tombe :
O mort, cruelle mort !
Si jeune encor !....
Quel funeste sort !

Frémis, ingrat pécheur ;
Un Dieu vengeur,
D'un regard sévère....
Frémis, ingrat pécheur ;
Un Dieu vengeur
Va sonder ton cœur.
Malheureux !
Entends son tonnerre ;
Si tu peux,
Soutiens sa colère.
Frémis ; seul aujourd'hui
Sans nul appui,
Parais devant lui.

Grand Dieu ! quel jour affreux
Luit à mes yeux !
Quel horrible abîme !
Grand Dieu ! quel jour affreux
Luit à mes yeux !

Quels lugubres feux !
Oui , l'enfer ,
Vengeur de mon crime ,
Est ouvert ,
Attend sa victime.
Grand Dieu ! quel avenir !
Pleurer , gémir ,
Toujours te haïr !

Beau ciel , je t'ai perdu ,
Je t'ai vendu
Pour de vains caprices.
Beau ciel , je t'ai perdu ,
Je t'ai vendu ,
Regret superflu !
Loin de toi ,
Toutes les délices
Sont pour moi
De nouveaux supplices.
Beau ciel , toi que j'aimais ,
Qui me charmais ,
Ne te voir jamais !....

O vous , chrétiens pieux ,
Toujours heureux
Et pleins d'espérance !
O vous , chrétiens pieux ,
Toujours heureux !
Moi seul malheureux !
J'ai voulu
Sortir de l'enfance ;
J'ai perdu
L'aimable innocence.

O vous, du ciel un jour
   Heureuse cour !
  Adieu, sans retour.

Non, non, c'est une erreur :
   Dans mon malheur,
  Hélas ! je m'oublie ;
Non, non, c'est une erreur :
   Dans mon malheur,
  Je trouve un Sauveur.
    Il m'entend,
  Me réconcilie,
    Dans son sang
  Je reprends la vie.
Non, non, je l'aime encor,
   Et le remords
  A changé mon sort.

Jésus, manne des cieux,
   Pain des heureux,
  Mon cœur te réclame ;
Jésus, manne des cieux,
   Pain des heureux,
  Viens combler mes vœux.
    Désormais
  Ta divine flamme
    Pour jamais
  Embrase mon âme.
Jésus, ô mon Sauveur !
   Fais de mon cœur
  L'éternel bonheur.

N° 30. LE PÉCHEUR IMPLORE LA MISÉRICORDE DE DIEU.

A tes pieds, Dieu que j'adore,
Ramené par mes malheurs,
Tu vois mon cœur qui déplore
Ses écarts et ses erreurs.
   Seigneur ! Seigneur !
Ah ! reçois, reçois encore
Mes soupirs et ma douleur.

Si ta justice sévère
Veut armer son bras vengeur,
Ton amour, ô tendre Père,
Se fait notre défenseur.
   Seigneur ! Seigneur !
Prends pitié de ma misère,
Et n'écoute que ton cœur.

Israël, jadis coupable,
Pleure ses égaremens ;
Bientôt ta main secourable
En suspend les châtimens.
   Seigneur ! Seigneur !
Jette un regard favorable
Sur ce malheureux pécheur.

Je ne puis rien sans ta grace ;
Daigne donc me secourir :
Seul j'ai causé ma disgrace,
Seul je ne puis revenir.
   Seigneur ! Seigneur !
L'espoir enfin a fait place
A ma trop juste frayeur.

Mes soupirs sont ton ouvrage :
Puisse mon cœur malheureux
Te venger de mon outrage
Et de mes coupables feux !
Seigneur ! Seigneur !
Que mon cœur, long-temps volage,
N'aime plus que sa douleur.

Nº 31.   LA SAINTE MESSE.

PAR les chants les plus magnifiques ;
Sion, célèbre ton Sauveur ;
Exalte, dans tes saints cantiques,
Ton Dieu, ton chef et ton pasteur.
Redouble, aujourd'hui, pour lui plaire,
Tes transports, tes soins empressés :
Tu n'en pourras jamais trop faire,
Tu n'en feras jamais assez.

Ouvre ton cœur à l'alégresse,
A tout le feu de tes transports,
Lorsque son immense largesse
T'ouvre elle-même ses trésors.
Près de quitter son héritage,
Il consacre son dernier jour
A te laisser ce tendre gage
Qui mit le comble à son amour.

Offert sur la table mystique,
L'Agneau de la nouvelle Loi
Termine enfin la Pâque antique
Qui figurait le nouveau Roi :
La vérité succède à l'ombre,
La loi de crainte se détruit ;

La clarté chasse la nuit sombre,
La loi de grace s'établit.

Jésus, de son amour extrême
Eternisa le dernier trait;
Ce que d'abord il fit lui-même,
Le prêtre à son ordre le fait;
Il change, ô prodige admirable
Qui n'est aperçu que des cieux !
Le pain en son corps adorable,
Le vin en son sang précieux.

L'œil se méprend, l'esprit chancelle,
Il cherche d'un Dieu la splendeur;
Mais toujours ferme, un vrai fidéle
Sans hésiter voit son Seigneur.
Son sang pour nous est un breuvage,
Sa chair devient notre aliment;
Les espèces sont le nuage
Qui nous le couvre au Sacrement.

On voit le juste et le coupable
S'approcher du banquet divin,
Se ranger à la même table,
Prendre place au même festin :
Chacun reçoit la même hostie;
Mais qu'ils diffèrent dans leur sort !
Le juste tremble, et boit la vie !
L'impie affronte, et boit la mort !

Je te salue, ô Pain de l'ange,
Aujourd'hui Pain du voyageur !
Toi que j'adore et que je mange,
Ah ! viens soutenir ma langueur.

Loin de toi l'impur, le profane,
Pain réservé pour les enfans ;
Mets des élus ! céleste manne !
Seul objet digne de nos chants !

Au secours de notre misère,
Jésus se livre entièrement :
Dans la crèche il est notre frère,
Et sur l'autel notre aliment ;
Quand il mourut sur le Calvaire,
Il fut rançon pour le pécheur ;
Triomphant dans son sanctuaire,
Il est du juste le bonheur.

Quels bienfaits, quel amour extrême !
Par un attrait doux et vainqueur,
Tendre Pasteur, fais que je t'aime,
Dans cet amour fixe mon cœur.
O pain des forts, par ta puissance,
Soutiens-moi dans l'infirmité :
Fais, qu'engraissé de ta substance,
Je règne dans l'éternité.

N° 32.   ELÉVATION.

SPECTACLE ravissant !
Le Dieu de la nature
Contemple en ce moment
Son humble créature.
Oui, l'Eternel, le Roi des cieux,
Pour nous est présent en ces lieux.
Oh ! quel bonheur !
Donnons-lui notre cœur.

Aimons ce Dieu d'amour,
C'est le meilleur des pères ;
Dans cet heureux séjour,
Touché de nos misères,
Il veut combler de ses présens,
Il veut bénir tous ses enfans.
Oh ! quel bonheur !
Donnons-lui notre cœur.

N° 33.   MÊME SUJET.

O prodige d'amour ! ô majesté suprême !
Le Tout-puissant descend sur cet autel,
Et nous voilant son éclat immortel,
Sous un pain qui n'est plus il se donne lui-même.
O quel bienfait ! c'est mon Sauveur,
Le seul vrai Dieu qui reçoit mon hommage.
J'adore ces grandeurs ; qu'il soit tout mon partage :
Seul il fera tout mon bonheur.
Mais quel nouvel espoir m'emflamme ?
Que ressens-je au fond de mon ame ?
Ah ! c'est Jésus, ah ! c'est mon Roi ;
Oui, c'est lui qui se donne à moi.

N° 34.   MÊME SUJET.

RECUEILLONS-nous, le prodige s'opère ;
Jésus paraît, Jésus descend des cieux ;
De sa présence il honore ces lieux :
Je me prosterne et le révère ;
Je l'adore et je crois.
C'est mon Roi,
C'est mon Père ;
Le mystère

Ne l'est plus pour moi.
Une céleste lumière
Brille et m'éclaire,
Oui, je le vois.

Disparaissez, vains objets de la terre,
Vous n'aurez plus d'empire sur mon cœur.
Jésus sera ma joie et mon bonheur :
Je veux le servir et lui plaire ;
Je le prends pour mon Roi.
C'est vers moi
Qu'il s'abaisse ;
Sa tendresse
Réveille ma foi.
Que sa bonté me bénisse !
Que j'accomplisse
Sa sainte loi !

N° 35.　POUR L'ÉLÉVATION ET LA BÉNÉDICTION
DU SAINT SACREMENT.

JE vois s'ouvrir l'auguste Tabernacle ;
Sur cet autel paraît le Roi des cieux.
Heureux mortels ! ce temple est un cénacle,
L'Esprit d'amour le remplit de ses feux.

Divin Jésus, mon ame s'abandonne
Aux saints transports qu'inspire ton amour,
O mon Sauveur ! tu m'offres ta couronne,
Et tu ne veux que mon cœur en retour.

Je suis à toi : mais quelle est ma faiblesse !
Répands sur moi ta bénédiction ;
Soutiens mon cœur ; daigne, par ta tendresse,
Eterniser cette heureuse union.

4

N° 36.   MÊME SUJET.

O vous, Seigneur, que tout adore !
Je me prosterne à vos pieds,
Je m'anéantis et j'implore
Votre suprême majesté.   (bis.)
Pour moi vous perdîtes la vie,
Pour vous je dois vivre en retour ;
Gravez dans mon ame attendrie
Le souvenir de tant d'amour.   (bis.)

O mon Jésus, la bonté même !
Qui nous comblez de vos faveurs,
Que chacun de nous vous aime ;
Embrasez-nous de vos ardeurs.   (bis.)
Regardez d'un œil favorable
Vos enfans ici prosternés ;
Seigneur, pardonnez un coupable,
Pour tous n'avez-vous pas prié ? (bis.)

N° 37.   AVANT LA COMMUNION.

Tu vas remplir le vœu de ma tendresse,
Divin Jésus, tu vas me rendre heureux.
O saint amour ! délicieuse ivresse !
Dans ce moment mon ame est tout en feux.

Ne tarde plus, doux Sauveur, tendre Père,
Ne tarde plus à visiter mon cœur ;
Rien, sans Jésus, ne peut le satisfaire,
Tout autre objet est pour lui sans douceur.

Divin Epoux, tu descends dans mon ame ;
C'est aujourd'hui le plus beau de mes jours.

Que tout en moi se ranime et s'enflamme :
Mon doux Jésus, je t'aimerai toujours.

Il est à moi, ce Dieu si plein de charmes,
Mon bien-aimé, mon aimable Sauveur ;
Echappez-vous de mes yeux, douces larmes,
Coulez, coulez, attestez mon bonheur.

O sort heureux ! ô sort inestimable !
Du saint amour je goûte les douceurs.
D'un feu si beau, si pur, si désirable ;
Ah ! que je sente à jamais les ardeurs !

N° 38. JÉSUS VAINQUEUR DE LA MORT.

JÉSUS paraît en vainqueur ;
Sa bonté, sa douceur
Est égale à sa grandeur,
Jésus paraît en vainqueur ;
Aujourd'hui donnons-lui notre cœur.
Malgré nos excès,
Ses dons, ses bienfaits,
Ses divins attraits
Ne nous parlent que de paix.
Pleurons nos excès,
Chantons ses bienfaits,
Rendons-nous à ses divins attraits.

Que tout éclate en concerts !
Jésus brise les fers
De la mort et des enfers.
Que tout éclate en concerts !
Que son nom réjouisse les airs !

Juste ciel ! quel choix !
Quoi ! le Roi des rois
A dû , par sa croix ,
Au ciel acquérir ses droits !
Embrassons la croix ;
Que ce libre choix ,
Au ciel assure à jamais nos droits !

O mort ! où sont-ils tes dards ?
Je vois , de toutes parts ,
Tomber tes noirs étendards.
O mort , où sont-ils tes dards ?
Mon Sauveur a détruit tes remparts.
En vain , de ton bras
Tu le saisiras ;
En vain dans tes lacs ,
O mort , tu l'entraveras ;
Libre , en tes états
Il porte ses pas ,
Et , vainqueur , enchaîne le trépas.

Je vois la mort sans effroi ;
Mon Seigneur et mon Roi
En a triomphé pour moi.
Je vois la mort sans effroi ;
Ce mystère est l'appui de ma foi.
Ah ! si son amour
N'a , jusqu'à ce jour ,
Trouvé nul retour ,
Dans ce terrestre séjour ;
Du moins en ce jour ,
Cet excès d'amour
Sera payé d'un juste retour.

N° 39.　　APRÉS LA COMMUNION.

Qu'ils sont aimés, grand Dieu, tes Tabernacles !
Qu'ils sont aimés et chéris de mon cœur !
Là, tu te plais à rendre tes oracles ;
La foi triomphe, et l'amour est vainqueur.

Qu'il est heureux celui qui te contemple,
Et qui soupire au pied de tes autels !
Un seul moment qu'on passe dans ton temple
Vaut mieux qu'un siècle au palais des mortels.

Je nage au sein des plus pures délices ;
Le ciel entier, le ciel est dans mon cœur.
Dieu de bonté, de faibles sacrifices
Méritaient-ils cet excès de bonheur ?

En les comblant, par un charme suprême,
Un Dieu puissant irrite mes désirs :
Il me consume et je sens que je l'aime ;
Et cependant je m'exhale en soupirs.

Autour de moi les Anges en silence
D'un Dieu caché contemplent la splendeur.
Anéantis en sa sainte présence,
O Chérubins, enviez mon bonheur !

Et je pourrais à ce monde qui passe
Donner un cœur par Dieu même habité ?
Non, non, mon Dieu, je puis tout par ta grace ;
Dieu, sauve-moi de ma fragilité.

En Souverain règne, commande, immole,
Règne surtout par le droit de l'amour.
Adieu, plaisirs ; adieu, monde frivole :
A Jésus seul j'appartiens sans retour.

N° 40. MÊME SUJET.

Oh ! que je suis heureux !
J'ai trouvé celui que j'aime :
Oh ! que je suis heureux !
Voici le Roi des Cieux :
Je le possède en moi-même,
Quoiqu'invisible à mes yeux ;
Je tiens celui que j'aime...
Oh ! que je suis heureux !

J'ai mon ame
Toute de flamme,
J'ai mon Sauveur
Au milieu de mon cœur.
Grace, grace, grace à l'amour
Qui triomphe de mon Dieu dans ce jour.

D'où me vient ce bonheur ?
Quoi ! mon Dieu me rend visite ;
D'où me vient ce bonheur ?
D'où me vient cet honneur ?....
Homme ingrat, je ne mérite
Que d'éprouver sa rigueur :
Sa bonté me visite,
D'où me vient ce bonheur ?
J'ai, etc.

Cieux, qu'avez-vous de plus ?
J'ai vos biens et votre gloire.
Cieux, qu'avez-vous de plus ?
J'ai tout avec Jésus.
Il est vrai qu'il me faut croire,
Puisqu'il cache ses vertus ;

Mais j'ai toute sa gloire,
Vous n'avez rien de plus.
J'ai, etc.

Je n'ai point de retour,
O Jésus ! pour cette grace ;
Je n'ai point de retour
Digne de votre amour.
Faites que tout à ma place,
Vous bénisse nuit et jour ;
Pour une telle grace
Je n'ai point de retour.
J'ai, etc.

Parlez en ma faveur
A mon Dieu, Vierge Marie ;
Parlez en ma faveur,
Prêtez-moi votre cœur.
Qu'avec lui je glorifie
Mon Père, mon Rédempteur ;
O divine Marie !
Prêtez-moi votre cœur.
J'ai, etc.

Régnez, ô doux Jésus !
Dans mon cœur et mes puissances ;
Régnez, ô doux Jésus !
Je ne résiste plus.
Pardonnez mes négligences,
J'en suis contrit et confus ;
Dans toutes mes puissances
Régnez, ô doux Jésus !
J'ai, etc.

N° 41.   MÊME SUJET.

CÉLÉBRONS ce grand jour par des chants d'alé-
  Nos vœux sont enfin satisfaits :   (gresse,
Bénissons le Seigneur, publions sa tendresse;
  Chantons, exaltons ses bienfaits.
  Pour nous, tout pécheurs que nous sommes,
  Il descend des cieux en ce jour :
  C'est parmi les enfans des hommes
  Qu'il aime à fixer son séjour.

  Chantons sous cette voûte antique
  Le Dieu qui règne sur nos cœurs ;
  Célébrons, par de saints cantiques,
  Et notre amour et ses faveurs.

Réunissons nos voix, que cette auguste enceinte
  Retentisse de nos concerts ;
Ces lieux sont tout remplis de la majesté sainte
  Du Dieu puissant de l'univers.
  Bon père, à des enfans qu'il aime,
  (Cieux, admirez tant de bonté !)
  Il donne, en se donnant lui-même,
  Le pain de l'immortalité.
    Chantons, etc.

Ta parole est, Seigneur, plus douce à mon oreille
  Que l'instrument le plus flatteur :
Ta parole est pour moi ce qu'à la jeune abeille
  Est le suc de la tendre fleur.
  Trois fois heureuse la famille
  Fidèle aux lois que tu prescris,
  Où la mère en instruit sa fille,

Où le père en instruit son fils ;
    Chantons , etc.

Loin des traits du chasseur , la colombe timide
    Cherche le repos des déserts :
J'ai cherché le repos dans le temple où réside
    Le Dieu bienfaisant que je sers.
    Sous les tentes des grands du monde ,
    Courez , peuple aveugle et pécheur :
    Moi , j'ai choisi la paix profonde
    Des tabernacles du Seigneur.
    Chantons , etc.

Dieu , que je crains ce monde où les plaisirs, les
    De toutes parts vont m'assiéger !   (vices,
O toi , qui de mon cœur as reçu les prémices,
    Veille sur lui dans le danger ;
    De tes saints préceptes , d'avance ,
    Munis-le comme d'un rempart ;
    Qu'il arrive avec l'innocence
    Au dernier âge du vieillard.
    Chantons , etc.

Loin de moi ces faux biens que les mondains ché-
    Et dont l'éclat est si trompeur !   (rissent,
Périssables humains , sur des biens qui périssent
    Comment fonder notre bonheur ?
    Il se dérobe à la poursuite ,
    Et dès qu'on l'avait cru saisir ,
    Le temps l'emporte dans sa fuite ,
    Et nous laisse le repentir.
    Chantons , etc.

La course des méchans , plus fugitive encore,
    Les précipite vers leur fin ;

Je les vis redoutés à ma première aurore ;
   Et je les cherche à mon matin.
   Tel que dans les champs qu'il inonde,
   S'engloutit un torrent fangeux,
   Un moment ils troublent le monde,
   Et leurs noms meurent avec eux.
      Chantons, etc.

Bien plus heureux, Seigneur, qui marche à ta
   Sur ta loi réglant tous ses pas,   (lumière,
Et qui, dans l'innocence achevant sa carrière,
   S'endort paisible entre tes bras :
   Son nom qui fleurit d'âge en âge,
   D'un doux parfum répand l'odeur,
   De la terre il reçoit l'hommage,
   Du ciel il goûte le bonheur.
      Chantons, etc.

Je n'ai formé qu'un vœu, que mon Dieu l'accom-
   Puisse-je, au pied de ses autels ;   (plisse.
Fidèle adorateur, passer à son service
   Le reste de mes jours mortels.
   Que sa demeure me soit chère,
   Qu'elle plaise à mon cœur épris,
   Comme la maison d'un bon père
   Au cœur sensible d'un bon fils.
      Chantons, etc.

Quoi ! Seigneur, en tremblant l'univers te contem-
   La terre a frémi devant toi ;   (ple,
Et du cœur d'un mortel tu veux faire ton temple,
   Et tu t'abaisses devant moi !
   Ah ! puisse-je, avant qu'infidèle,
   Je perde un si cher souvenir,

Mourir comme la fleur nouvelle
Cueillie avant de se flétrir !
   Chantons, etc.

Oui, Seigneur, désormais rangé sous ton empire,
  Nous y voulons vivre et mourir ;
Mais ce vœu que l'amour aujourd'hui nous ins-
  Pouvons-nous sans toi l'accomplir ?   (pire,
  C'est toi qui nous donnas la vie,
   Que ta grace en règle le cours ;
  Que ta loi, constamment suivie,
  Console enfin nos derniers jours.
   Chantons, etc.

Nº 42. HOMMAGE A JÉSUS-CHRIST PRÉSENT SUR NOS AUTELS.

  Aux chants de la victoire
  Mêlons des chants d'amour,
    En ce jour ;
  Jésus, le Roi de gloire,
  Habite en ce séjour.
  Terre, frémis de crainte,
  Voici le Dieu jaloux
    Près de nous :
  Sous sa majesté sainte,
  O cieux, abaissez-vous.

  Qu'un nuage obscurcisse
  L'éclat de ce grand Roi,
    Devant moi ;
  Le soleil de justice
  Luit toujours à ma foi.
  Perçant les voiles sombres

Qui dérobent ses feux
    A mes yeux,
J'aperçois sous ses ombres
Le Monarque des cieux.

    En vain, foudres de guerre,
Vous semez sous vos pas
    Le trépas ;
Jésus dompte la terre
Par de plus doux combats.
Son amour et ses charmes
Sont peints en traits de feux,
    En tous lieux :
C'est par ces seules armes
Qu'il est victorieux.

    Va, mondain trop volage,
Va t'égarer encor
    Loin du port :
Dans un triste naufrage
Tu trouveras la mort.
Mais vous, qui sous ses ailes
Jouissez des bienfaits
    De la paix,
Que vos cœurs soient fidèles
Et l'aiment à jamais.

N° 43.   LA CONFIRMATION.

QUEL feu s'allume dans mon cœur ?
Quoi ! Dieu vient habiter mon ame !
A ton aspect consolateur,
Et je m'éclaire et je m'enflamme ;
Je t'adore Esprit créateur,

Parais, Dieu de lumière,
Et viens renouveler la face de la terre.
Je vois mille ennemis divers
Conjurer ma perte éternelle ;
J'entends tous leurs complots pervers.
Dieu, romps leur trame criminelle ;
Qu'ils retombent dans les enfers.
  Parais, etc.
Quels sont ces profanes accens,
Ces ris et ces pompeuses fêtes ?
De Baal ce sont les enfans :
De fleurs ils couronnent leurs têtes
Que va frapper la faux du temps.
  Parais, etc.
Voyez comme les insensés
Dansent sur leur tombe entr'ouverte !
La mort les suit à pas pressés :
En riant ils vont à leur perte.
Dieu regarde : ils sont dispersés.
  Parais, etc.
Quoi ! pour un instant de plaisir,
Mon Dieu, j'oublirais ta loi sainte !
Dans l'égarement du désir,
Je pourrais vivre sans ta crainte !
Non, Seigneur, non, plutôt mourir.
  Parais, etc.
Chrétien par devoir et par choix,
Et fier de ton ignominie,
Je t'embrasse, ô divine Croix !
C'est toi qui m'as donné la vie ;
Sur mon cœur je connais tes droits.
  Parais, etc.

Si quelques instans égaré,
Je te fuyais, beauté divine,
Allume, en mon cœur déchiré,
Allume une guerre intestine;
De remords qu'il soit dévoré.
    Parais, etc.
Ah! plutôt règne, Dieu d'amour,
Sur ce cœur devenu ton temple,
Qu'il sache t'aimer à son tour,
Et qu'à jamais il te contemple
Dans l'éclat du divin séjour.
    Parais, etc.

N° 44. INVOCATION DU SAINT-ESPRIT.

ESPRIT saint, descendez en nous,
Embrasez notre cœur de vos feux les plus doux.

    Sans vous notre vaine prudence
    Ne peut, hélas! que s'égarer;
    Ah! dissipez notre ignorance;
Esprit d'intelligence, venez nous éclairer.

    Le noir enfer, pour nous livrer la guerre,
    Se réunit au monde séducteur;
    Tout est pour nous embûche sur la terre:
    Soyez, soyez notre libérateur.

    Enseignez-nous la divine sagesse;
    Seul elle peut nous conduire au bonheur:
Dans ses sentiers qu'heureuse est la jeunesse!
    Qu'heureuse est la vieillesse!

N° 45.   RÉNOVATION DES VŒUX.

QUAND l'eau sainte du baptême
Coula sur vos fronts naissans,
Et qu'un Dieu, la bonté même,
Vous adopta pour enfans ;
  Muets encore,
 D'autres promirent pour vous :
 Aujourd'hui confessez tous
La foi dont un chrétien s'honore.

Chœur. Foi de nos pères,
 Notre règle et notre amour,
 Nous embrassons, dans ce jour,
Et ta morale et tes mystères.

Annoncé par mille oracles,
Et de la terre l'espoir,
L'homme-Dieu, par ses miracles,
Fait éclater son pouvoir.
  Victime pure,
 Il triomphe du trépas ;
 Et je n'adorerais pas
En lui l'auteur de la nature !

Chœur. Foi de nos pères, etc.

Par un funeste héritage,
Nos parens, avec le jour
Nous transmirent en partage
La haine d'un Dieu d'amour.
  En vain je crie,
 Le ciel repousse mes pleurs ;
 Mais Jésus a dit : je meurs ;

Et sa mort me rend à la vie.

Chœur.   Foi de nos pères, etc.

Ciel! qu'elle robe éclatante!
Quel bain pur et bienfaisant!
Quelle parole puissante
D'un Dieu m'a rendu l'enfant!
    Je te baptise....
Les cieux s'ouvrent, plus d'enfer,
Et des anges le concert
M'introduit au sein de l'Eglise.

Chœur.   Foi de nos pères, etc.

De quel œil de complaisance
Vous me vîtes, ô mon Dieu,
Quand, revêtu d'innocence,
On m'emporta du saint lieu!
    Pensée amère!
O beau jour trop tôt passé!
Hélas! je me suis lassé,
Mon Dieu, de vous avoir pour père.

Chœur.   Foi de nos pères, etc.

J'ai blessé votre tendresse,
Violé vos saintes lois :
Vous me rappeliez sans cesse,
Je repoussais votre voix.
    Ah! si mes larmes
Ont mérité mon pardon,
Je puis de votre maison,
Seigneur, encore goûter les charmes.

Chœur. Foi de nos pères, etc.

Loin de moi, monde profane ;
Fuis, ô plaisir séduisant !

L'Evangile vous condamne ;
Vous blessez en caressant.
Sous votre empire ,
Mon Dieu, sont les vrais trésors ;
Vos douceurs sont sans remords. ,
C'est pour elles que je soupire.
Chœur. Foi de nos pères, etc.

Loin de ces palais coupables
Où s'agite le pécheur ,
Sous vos pavillons aimables
J'irai jouir du bonheur ;
Avant l'aurore ,
Mon cœur vous appellera ;
Et quand le jour finira ,
Mes chants vous béniront encore.
Chœur. Foi de nos pères , etc.

N° 46. LE PÉCHEUR CONVERTI, DÉSABUSÉ DU MONDE.

Un fantôme brillant séduisit ma jeunesse ,
Sous le nom de plaisir il égara mes pas ;
Insensé que j'étais ! je n'apercevais pas
L'abîme que des fleurs cachaient à ma faiblesse.
Mais enfin, revenu de mes égaremens ,
Remettant mon salut à ta bonté chérie ,
O mon Dieu! mon soutien, après mille tourmens,
Quand je reviens à toi, je reviens à la vie.

Plaisirs où j'avais cru ne trouver que des charmes,
Ivresse de mes sens , trompeuse volupté ,
Hélas ! en vous cherchant, que vous m'avez coûté

De craintes, de douleurs, de regrets et de larmes !
  Mais enfin , etc.

Vous qui de vos vertus souteniez mon enfance,
O mon père ! ô ma mère ! à combien de douleurs
Ma jeunesse rebelle a dû livrer vos cœurs,
Et troubler vos tombeaux dans leur pieux silence !
  Mais enfin , etc.

Pardonnez, pardonnez à votre enfant coupable ;
Hélas ! cent fois puni d'oublier vos leçons ,
Même au sein des plaisirs , par des remords profonds ,
Il expiait déjà son crime impardonnable.
  Mais enfin , etc.

Oui, mon Dieu, c'en est fait , touché de ta clémence,
Je quitte pour jamais le monde et ses appas.
Nouvel enfant prodigue, appelé dans tes bras,
Je retrouve à la fois mon père et l'innocence.
  Car enfin , etc.

Sainte paix, calme heureux où mon ame repose,
Plaisirs délicieux dont s'enivre mon cœur ,
Oh ! ne me quittez plus ; donnez-moi le bonheur
Qu'en vain depuis long-temps le monde me propose.
  Car enfin , etc.

N° 47.   LE SAINT NOM DE JÉSUS.

VIVE Jésus !
  C'est le cri de mon ame ;
Vive Jésus, le Maître des vertus !
Aimable nom , quand ma voix te proclame,
D'un nouveau feu pour toi mon cœur s'enflamme :
  Vive Jésus !

Vive Jésus !
C'est le cri qui rallie
Sous ses drapeaux le peuple des élus.
Suivre Jésus, c'est aussi mon envie ;
Suivre Jésus, c'est mon bien, c'est ma vie :
Vive Jésus !

Vive Jésus !
C'est un cri d'espérance
Pour les pécheurs repentans et confus ;
Sur eux du Ciel attirant la clémence,
Ce nom sacré soutient leur pénitence :
Vive Jésus !

Vive Jésus !
A ce cri de vaillance,
Je verrai fuir les démons éperdus.
Un mot suffit pour dompter leur puissance ;
Pour terrasser leur superbe insolence :
Vive Jésus !

Vive Jésus !
Cri de reconnaissance
D'un cœur touché des biens qu'il a reçus.
L'enfer veut-il troubler sa confiance,
Il dit encore avec plus d'assurance :
Vive Jésus !

Vive Jésus !
C'est mon cri d'alégresse,
O Dieu caché sous un pain qui n'est plus !
Quand, aux douceurs d'une céleste ivresse,
Je reconnais l'objet de ma tendresse :
Vive Jésus !

Vive Jésus !
C'est le cri de victoire
Qui retentit au séjour des élus.
De leurs combats consacrant la mémoire,
Ce nom puissant éternise leur gloire :
Vive Jésus !

Vive Jésus !
Vive sa tendre Mère !
Elle est aussi la mère des élus.
Si nous l'aimons, si nous voulons lui plaire,
Chantons Jésus, notre Dieu, notre frère :
Vive Jésus !

Vive Jésus !
Qu'en tout lieu la victoire
Mette à ses pieds les méchans confondus !
O nom sacré, nom cher à ma mémoire,
Puissé-je vivre et mourir pour ta gloire !
Vive Jésus !

N° 48. SUR LA PERSÉVÉRANCE.

Air : *Loin de nous, sœurs du Permesse.*

JOUR heureux, sainte alégresse,
Jésus règne dans mon cœur ;
Pourquoi donc, sombre tristesse,
Viens-tu troubler mon bonheur ?
Hélas ! de mon inconstance
J'ai l'affligeant souvenir,
Et pour la persévérance
Je redoute l'avenir.
Chœur.
Dieu Sauveur de la France,

Cache-nous dans ton cœur ;
Conserve-nous la ferveur,
Et le bonheur et l'innocence :
Conserve-nous la ferveur
Et l'innocence et le bonheur.

Je reconnais trop ma faiblesse,
Mes penchans impérieux,
Et la dangereuse ivresse
Que le monde offre à mes yeux.
De sa fureur meurtrière
J'ai le triste souvenir :
Ah ! si tout me fait la guerre,
Ne faudra-t-il pas périr ?
Dieu Sauveur, etc.

Quoi ! me dit le Dieu suprême,
Tu pourrais fuir mes autels !
Quoi ! tu briserais toi-même
Ces nœuds chers et solennels !
Contre toi tout court aux armes
Tout conjure à t'entraîner ;
Cher enfant, de tant de larmes,
Veux-tu donc m'abandonner ?
Dieu Sauveur, etc.

Moi, trahir le Dieu que j'aime !
Mon Dieu ; déchirer ton cœur !
T'oublier, bonté suprême !
Outrager mon bienfaiteur !
Ton sang coule dans mes veines,
Et je pourrais te trahir !
Ah ! reprendre encor mes chaines !

*

Non , Seigneur , plutôt mourir.
Dieu Sauveur , etc.

Mais quoi ! le Dieu que j'adore
N'est-il plus le Dieu puissant ?
Et sitôt que je l'implore
Ne suis-je pas triomphant ?
S'il m'expose à cette guerre ,
Est-ce pour m'y voir périr ?
Si je ne suis que poussière ,
Sa main peut me soutenir.
Dieu Sauveur , etc.

Avec ta grâce , j'espère ,
Et je m'élance aux combats ;
Vigilance , humble prière ,
Vous assurerez mes pas.
Loin de moi , monde perfide ,
Amis , livres corrupteurs ,
Respect humain , fausse égide ,
Je renonce à vos douceurs.
Dieu Sauveur , etc.

Vierge sainte , ô tendre Mère !
Je me jette entre tes bras :
Satan me fera la guerre ,
Mais je ne le craindrai pas.
A ton nom , Vierge Marie ,
Je sens mon cœur s'attendrir :
Qui t'invoque obtient la vie ;
Qui t'aime ne peut périr.
Dieu Sauveur , etc.

N° 49.   SUR LA SAINTE VIERGE.

Vous qu'en ces lieux combla de ses bienfaits
    Une mère auguste et chérie ,
Enfans de Dieu que vos chants à jamais
    Exaltent le nom de Marie.   (*bis.*)
Je vois monter tous les vœux des mortels
    Vers le trône de sa clémence ;
Tout à sa gloire élève des autels
    Des mains de la reconnaissance.   (*bis.*)

TOUS.

Nous qu'en ces lieux combla de ses bienfaits
    Une Mère auguste et chérie ,
Enfans de Dieu, que nos chants à jamais
    Exaltent le nom de Marie.   (*bis.*)

Ici sa voix puissante sur nos cœurs ,
    A la vertu nous encourage ;   (*bis.*)
Sur le saint joug elle répand des fleurs ;
    Notre innocence est son ouvrage.
Si le lion rugit autour de nous ,
    Elle étend son bras tutélaire :
L'enfer frémit d'un impuissant courroux ,
    Et le ciel sourit à la terre.
Nous qu'en ces lieux , etc.

Quand le chagrin de ses traits acérés
    Blesse nos cœurs et les déchire ,
Sensible mère , elle est à nos côtés ;
    Avec nos cœurs le sien soupire.   (*bis.*)
Combien de fois sa prévoyante main
    De l'ennemi rompit la trame !

Nous la priions, et nous sentions soudain
  La paix descendre dans notre ame.
Nous qu'en ces lieux, etc.

Battu des flots, vain jouet du trépas,
  La foudre grondant sur sa tête,
Le nautonnier se jette dans ses bras,
  L'invoque et voit fuir la tempête.   (*bis.*)
Tel le Chrétien, sur ce monde orageux,
  Vogue toujours près du naufrage;
Mais à Marie adresse-t-il ses vœux,
  Il aborde en paix au rivage.
Nous qu'en ces lieux, etc.

Heureux celui qui, dès ses premiers ans,
  Se fit un bonheur de lui plaire!
Heureux ceux qu'elle adopta pour enfans!
  La Reine des cieux est leur mère.
Oui, sa bonté se plaît à secourir
  Un cœur confiant qui la prie.
Siècles, parlez!.... vit-on jamais périr
  Un vrai serviteur de Marie?
Nous qu'en ces lieux, etc.

Vos fronts, pécheurs, pâlissent abattus
  A l'aspect du souverain Juge.
Ah! si Marie est Reine des vertus,
  Des pécheurs elle est le refuge.
Déposez donc en son sein maternel
  Votre repentir et vos larmes :
Elle priera!..,. des mains de l'Eternel
  Bientôt s'échapperont les armes.
Nous qu'en ces lieux, etc.

Si vous avez dans toute sa fraîcheur
   Conservé la tendre innocence,
Ah ! votre mère en a sauvé la fleur,
   Elle vous garda dès l'enfance :
A son autel, venez, enfans chéris,
   Savourer de saintes délices ;
Consacrez-lui vos cœurs et vos esprits,
   Elle mérite les prémices.
Nous qu'en ces lieux, etc.

Temple divin, ô asile béni !
   Faut-il donc quitter ton enceinte !
Faut-il aller de ce monde ennemi
   Braver la meurtrière atteinte !
Tendre Marie, ah ! nous allons périr ;
   Le scandale inonde la terre :
Veillez sur nous, daignez nous secourir ;
   Montrez-vous toujours notre Mère.
Nous qu'en ces lieux, etc.

Nº 50.   MÊME SUJET.

TRIOMPHEZ, Reine des cieux,
A vous bénir que tout s'empresse :
   Triomphez, Reine des cieux,
Dans tous les temps, dans tous les lieux.
     Que l'amour nous prête,
     En ce jour de fête,
     Que l'amour nous prête
     Les plus doux accords ;
Et que notre voix s'apprête

A seconder ses efforts.
 Triomphez , etc.

Célébrons, en ce saint jour,
Les vertus de l'humble Marie ;
 Célébrons, en ce saint jour,
Et ses bienfaits et son amour.
  Sans cesse enrichie ,
  Jeunesse chérie ,
  Sans cesse enrichie
  Des plus heureux dons ,
 C'est de la main de Marie ,
 Enfans , que nous les tenons.
  Triomphez , etc.

Qu'à jamais de ses faveurs
Nos chants rappellent la mémoire ;
 Qu'à jamais de ses faveurs
Le souvenir charme nos cœurs.
  Le ciel et la terre
  Ravis de lui plaire ,
  Le ciel et la terre
  Chantent ses bienfaits :
 Vos enfans , ô tendre mère !
 Vous oublieraient-ils jamais ?
  Triomphez , etc.

Achevez notre bonheur,
Retracez en nous votre image ;
 Achevez notre bonheur,
Et gravez en nous votre cœur.
  Guidez de l'enfance ,
  Par votre puissance ,
  Guidez de l'enfance

Les pas chancelans :
Et que l'aimable innocence
Couronne nos derniers ans.
Triomphez , etc.

No 51.   INVOCATION A MARIE ,
AU COMMENCEMENT DU JOUR.

Je mets ma confiance ,
Vierge , en votre secours ;
Servez-moi de défense ,
Prenez soin de mes jours ;
Et quand ma dernière heure
Viendra fixer mon sort,
Obtenez que je meure
De la plus sainte mort.

A votre bienveillance ,
O Vierge ! j'ai recours ;
Soyez mon assistance
En tous lieux et toujours.
Vous êtes notre mère ;
Jésus est votre fils ;
Offrez-lui la prière
De vos enfans chéris.

Sainte Vierge Marie ,
Asile des pécheurs ,
Prenez part , je vous prie ,
A mes justes frayeurs.
Vous êtes mon refuge ;
Votre fils est mon roi :
Mais il sera mon juge ;
Intercédez pour moi.

Ah ! soyez-moi propice,
Quand il faudra mourir :
Apaisez sa justice ;
Je crains de la subir.
Mère pleine de zèle,
Protégez votre enfant ;
Je vous serai fidèle
Jusqu'au dernier instant.

Je promets, pour vous plaire,
O reine de mon cœur !
De ne jamais rien faire
Qui blesse votre honneur.
Je veux que, par hommage,
Ceux qui me sont sujets,
En tous lieux, à tout âge,
Prennent vos intérêts.

Voyez couler mes larmes,
Mère du bel amour ;
Finissez mes alarmes
Dans ce triste séjour ;
Venez rompre mes chaînes,
Je veux aller à vous.
Aimable Souveraine,
Régnez, régnez sur nous.

No 52.   TRIOMPHE DE LA RELIGION.

POURQUOI ces vains complots, ô princes de la
    Pourquoi tant d'armemens divers ? (terre ?
Vous vous réunissez pour déclarer la guerre

A l'arbitre de l'univers.
Tremblez, ennemis de sa gloire ;
Tremblez, audacieux mortels ;
Il tient en ses mains la victoire,
Tombez aux pieds de ses autels.

La religion vous rappelle,
Sachez vaincre, sachez périr,
Un chrétien doit vivre pour elle, } *bis.*
Pour elle un chrétien doit mourir.

LE CHŒUR.

La religion nous rappelle,
Sachons vaincre, sachons périr.
Un chrétien doit vivre pour elle, } *bis.*
Pour elle un chrétien doit mourir.

Depuis quatre mille ans, plongé dans les ténébres,
Assis à l'ombre de la mort,
L'univers gémissant sous ses voiles funèbres,
Soupirait pour un meilleur sort.
Jésus paraît ; à sa lumière
La nuit disparaît sans retour,
Comme on voit une ombre légère
S'enfuir devant l'astre du jour.
La religion, etc.

Pour soumettre à ses lois tous les peuples du
Il ne veut que douze pêcheurs, (monde,
Et, pour éterniser le royaume qu'il fonde,
Il en fait ses ambassadeurs.
Nouveaux guerriers, prenez la foudre,
Allez conquérir l'univers,

Frappez , brisez , mettez en poudre
L'idole d'un monde pervers.
    La religion , etc.

Déjà de ces héros , du couchant à l'aurore ,
    La voix , plus prompte que l'éclair,
A foudroyé ces dieux que l'univers honore
    D'un culte enfanté par l'enfer.
    Ouvrant les yeux à la lumière
    Rome détrompe les mortels ,
    Et foule aux pieds dans la poussière,
    Ses dieux , ses temples , ses autels.
    La religion , etc.

En vain , ô fiers tyrans ! votre main meurtrière
    Fait couler leur sang à grands flots ;
Ce sang devient fécond ; de leur noble poussière
    S'élève un essaim de héros :
    Et courbant eux-même leurs têtes,
    Seigneur , sous le joug de tes lois ,
    Après trois siècles de tempêtes,
    Les princes arborent la croix.
    La religion , etc.

O reine des cités ! toi dont la destinée
    Est de régner sur l'univers ,
De ce joug si nouveau si tu fus étonnée,
    Tu t'énorgueillis de tes fers ;
    La religion triomphante
    Sur le trône de tes Césars ,
    Veut que les peuples qu'elle enfante
    Combattent sous ses étendards.
    La religion , etc.

Que vois-je ? O Dieu ! partout le chisme et l'hé-
    Déchirent son sein maternel ;   (résie
Laisseras-tu périr sous les coups de l'impie
    L'objet de ton soin paternel ?
    Non , toujours battu de l'orage,
    Ce vaisseau vogue en sûreté,
    Jamais il ne fera naufrage,
    Tu l'as dit, Dieu de vérité.
        La religion, etc.

Sainte religion, l'amour et les délices
    De nos pères , de nos aïeux ;
Puissent toujours marcher sous tes divins aus-
    Et leurs enfans , et leurs neveux.   (pices
    Si jamais de leur cœur bannie
    Tu t'exilais loin des Français,
    Que ma trop ingrate patrie
    Se souvienne de tes bienfaits.
        La religion, etc.

Ce grand arbre, ébranlé jusques dans sa racine,
    Voyait mille ennemis rivaux
Hâter par leurs efforts l'instant de sa ruine,
    Pour se disputer ses ramaux.
    Dieu parle ;.... la foi renaissante,
    En foudroyant l'impiété,
    Rend à l'Eglise triomphante
    La paix et la prospérité.
        La religion, etc.

Eglise de Jésus, doux charme de ma vie,
    Et mon espoir dès le berceau,
Sainte religion, si jamais je t'oublie,
    Si tu ne me suis au tombeau,

Qu'à jamais ma langue glacée
Ne prête des sons à ma voix,
Et que ma droite desséchée
Me punisse et venge tes droits.
La religion, etc.

N° 53. PRIÈRE POUR LE ROI.

VENEZ, Français, le Dieu dont la puissance
Fait triompher le Trône et la Foi,
Veut aujourd'hui qu'on chante dans la France :
Gloire au Très-haut, vive notre bon Roi !
Vive la France !
Vive le Roi !
Toujours en France
Les Bourbons et la Foi.

Lorsque l'impie, exerçant sa vengeance,
Faisait régner la terreur et l'effroi ;
Quand tout semblait perdu pour notre France,
Nous espérions toujours en notre Roi.
Vive la France ! etc.

Il est à nous ce gage d'alliance,
Du vieil honneur et de l'antique Foi,
Tout cœur français redit en sa présence :
Vivre et mourir pour son Dieu, pour son Roi.
Vive la France ! etc.

Honneur, louange, amour, reconnaissance
Pour tes bienfaits, grand Dieu ; car c'est à toi
Que nous devons le salut de la France,
Que nous devons le retour de son Roi.
Vive la France ! etc.

Reine des cieux , protége l'héritage
Que les Bourbons ont soumis à ta loi !
Montre-toi mère , achève ton ouvrage ;
Daigne veiller sur la France et son Roi.
Vive la France! etc.

N° 54. POUR LE DÉPART DU SOIR.

BÉNISSONS à jamais
Le Seigneur dans ses bienfaits.
Bénissez-le , saints Anges ,
Louez sa majesté ;
Rendez à sa bonté
Mille et mille louanges.
Bénissons , etc.

Fut-il jamais un père
Qui de ses chers enfans ,
Par des soins plus touchans ,
Soulageât la misère ?
Bénissons , etc.

Pasteur tendre et fidèle ,
Sans craindre le travail ,
Il ramène au bercail
Une brebis rebelle.
Bénissons , etc.

Par lui cesse la peine
Qui désolait mon cœur ;
Et, du monde vainqueur ,
Je vois briser ma chaîne,
Bénissons , etc.

Il console mon ame,

La nourrit de son pain ;
A ce banquet divin
Il veut qu'elle s'enflamme.
   Bénissons , etc.

Sa bonté me supporte,
Sa lumière m'instruit,
Sa beauté me ravit,
Son amour me transporte.
   Bénissons , etc.

Oui, sa douceur m'entraîne,
Sa grâce me guérit,
Sa force m'affermit,
Sa charité m'enchaîne.
   Bénissons , etc.

Dieu seul est ma richesse,
Dieu seul est mon soutien,
Dieu seul est tout mon bien ;
Je redirai sans cesse :
   Bénissons , etc.

N° 55. MOTIFS D'AIMER DIEU SEUL.

PLEINS de ferveur,
Brûlons sans cesse,
Pleins de ferveur,
Pour le Seigneur.
A n'aimer que lui tout nous presse,
Lui seul mérite notre cœur.
   Pleins de ferveur,
   Brûlons sans cesse,

Pleins de ferveur,
Pour le Seigneur.

Lui seul est grand,
Seul adorable ;
Lui seul est grand,
Seul tout-puissant.
Ah ! qu'il est beau ! qu'il est aimable !
En lui que tout est ravissant !
   Lui seul est grand , etc.

Plein de bonté
Pour un coupable,
Plein de bonté,
De charité,
Ce Dieu, dans son sang adorable,
A lavé mon iniquité.
   Plein de bonté , etc.

Viens m'animer,
Amour céleste,
Viens m'animer,
Viens m'enflammer.
Plein de dégout pour tout le reste,
C'est Dieu seul que je veux aimer.
   Viens m'animer, etc.

Ce n'est qu'à vous
Que je veux être,
Ce n'est qu'à vous,
O Dieu si doux !
Possédez|seul , aimable maître,
Un cœur dont vous êtes jaloux.
   Ce n'est qu'à vous , etc.

Quelle douceur
Quand on vous aime !
Quelle douceur !
Quelle faveur !
On goûte au-dedans de soi-même
Une paix qui ravit le cœur.
   Quelle douceur, etc.

   Régnez en moi,
   Dieu tout aimable,
   Régnez en moi,
   Mon divin Roi.
Pour gage d'amour véritable.
Que je suive en tout votre loi.
   Régnez en moi, etc.

   C'est mon désir,
   Dieu de mon ame,
   C'est mon désir
   De vous servir.
De plus en plus que je m'enflamme,
Que d'amour je puisse mourir.
   C'est mon désir, etc.

Nº 56.   EN COMMENÇANT L'EXERCICE
DU SOIR.

LE soleil vient de finir sa carrière,
Comme un instant ce jour s'est écoulé.
Jour après jour, ainsi la vie entière
S'écoule et passe avec rapidité. } *Refr.*

A chaque instant l'éternité s'avance ;
Travaillons-nous à nous y préparer ?

De nos péchés faisons-nous pénitence ?
Et savons-nous du moins les abjurer ?
   Le soleil, etc.

Si cette nuit le souverain Arbitre
Nous appelait devant son tribunal ;
A sa clémence avons-nous quelque titre ?
Que lui répondre en cet instant fatal ?
   Le soleil, etc.

Le cœur touché d'un repentir sincère,
Pleurons, pleurons les fautes de ce jour ;
Du Dieu vengeur désarmons la colère :
Un cœur contrit regagne son amour.
   Le soleil, etc.

I

*

Un Militaire chrétien doit se faire un devoir de prier Dieu soir et matin.

PRIÈRE DU MATIN.

NOTRE Père qui êtes aux Cieux, que votre nom soit sanctifié, que votre règne arrive, que votre volonté soit faite sur la terre comme au ciel, donnez-nous aujourd'hui notre pain de chaque jour, pardonnez-nous nos offenses comme nous pardonnons à ceux qui nous ont offensés; ne nous laissez pas succomber à la tentation, mais délivrez-nous du mal. Ainsi soit-il.

Je vous salue, Marie, pleine de grâce, le Seigneur est avec vous; vous êtes bénie entre toutes les femmes, et Jésus, le fruit de vos entrailles, est béni.

Sainte Marie, Mère de Dieu, priez pour nous, pauvres pécheurs, maintenant et à l'heure de notre mort. Ainsi soit-il.

Je crois en Dieu, Père tout-puissant, Créateur du ciel et de la terre, en Jésus-Christ, son Fils unique, notre Seigneur, qui a été conçu du Saint-Esprit, est né de la bienheureuse Vierge

Marie, a souffert sous Ponce-Pilate, a été cru-
cifié, est mort, a été enseveli, est descendu
aux enfers, est ressuscité des morts, est monté
aux cieux, est assis à la droite de Dieu le
Père tout-puissant, d'où il viendra juger les
vivans et les morts. Je crois au Saint-Esprit,
la sainte église catholique, la communion des
Saints, la rémission des péchés, la résurrection
de la chair, la vie éternelle. Ainsi soit-il.

Je me confesse à Dieu le Père tout-puissant,
à la bienheureuse Vierge Marie, au glorieux Saint
Michel Archange, au bienheureux Saint Jean-
Baptiste, aux apôtres Saint Pierre et Saint Paul,
à tous les Saints, et à vous, mon Père, parce que
j'ai grandement péché en pensées, en paroles
et en œuvres : *c'est ma faute*, *c'est ma faute*,
c'est ma très-grande faute ; c'est pourquoi je
supplie la bienheureuse Vierge Marie, le glorieux
Saint Michel archange, Saint Jean-Baptiste, les
apôtres Saint Pierre et Saint Paul, tous les Saints,
de prier pour moi le Seigneur notre Dieu.

PRIÈRE DU SOIR.

Notre Père, etc. — Je vous salue, etc. — Je crois en Dieu et je confesse à Dieu. *Comme à la prière du matin.*

ACTE DE FOI.

Mon Dieu, je crois fermement tout ce que croit et enseigne votre sainte Eglise catholique, apostolique et romaine, parce que c'est vous qui le lui avez révélé et que vous êtes la vérité même.

ACTE D'ESPÉRANCE.

Mon Dieu, j'espère que vous daignerez m'accorder votre grâce en ce monde, et, si j'observe vos commandemens, votre gloire dans l'autre, parce que vous êtes souverainement fidèle dans vos promesses.

ACTE D'AMOUR.

Mon Dieu, je vous aime de tout mon cœur, parce que vous êtes souverainement aimable et j'aime aussi mon prochain comme moi-même pour l'amour de vous.

(*Il faut s'examiner un instant sur les fautes commises pendant la journée, par pensées, par paroles et par actions, et demander pardon à Dieu, en faisant l'acte de contrition qui suit).*

Jésus, mon Dieu, mon Sauveur, j'ai un extrême regret de vous avoir offensé, parce que vous êtes infiniment bon, infiniment aimable; et que le péché vous déplaît. A cette considération, je déteste mes péchés sur toutes choses, je forme la ferme résolution de ne plus les commettre à l'avenir, d'en fuir les occasions, de m'en confesser au plutôt, et d'en faire pénitence.

Vérités que tout Chrétien doit savoir.

Il n'y a qu'un Dieu, il y a trois personnes en Dieu, Père, Fils et Saint-Esprit. C'est la seconde personne, le Fils de Dieu, qu'on appelle Jésus-Christ, qui s'est fait homme et a répandu son sang sur la croix pour nous sauver ; c'est en vertu de ce sang précieux que nos péchés nous sont remis au tribunal de la pénitence.

Vérités que tout Chrétien ne peut ignorer par sa faute, sans se rendre coupable aux yeux de Dieu.

Il y a sept Sacremens :

Le Baptême, la Confirmation, l'Eucharistie, la Pénitence, l'Extrême-Onction, l'Ordre et le Mariage.

Le Baptême efface le péché originel, nous fait Chrétiens, enfans de Dieu et de l'Eglise.

La Confirmation nous donne le Saint-Esprit avec l'abondance de ses grâces, pour nous fortifier dans la Foi et nous rendre parfaits Chrétiens.

Dans l'Eucharistie nous recevons le corps, le sang, l'ame, la divinité de Jésus-Christ caché sous les apparences du pain et du vin.

La Pénitence nous remet les péchés commis après le baptême.

Le Sacrement de l'Extrême-Onction est établi pour achever de purifier le Chrétien malade, le soulager dans ses souffrances et le fortifier à sa dernière heure.

L'Ordre donne le pouvoir d'exercer les fonctions ecclésiastiques, et la grâce de les remplir saintement.

Le Mariage est établi pour sanctifier l'union légitime des époux.

Il y a dix commandemens de Dieu :

1. UN seul Dieu tu adoreras,
   Et aimeras parfaitement.

2. Dieu envain tu ne jureras,
   Ni autre chose pareillement.

3. Les Dimanches tu garderas,
   En servant Dieu dévotement.

4. Tes Père et Mère honoreras,
   Afin que tu vives longuement.

5. Homicide point ne seras,
   De fait ni volontairement.

6. Luxurieux point ne seras,
   De corps ni de consentement.

7. Le bien d'autrui tu ne prendras,
   Ni retiendras à ton escient.

8. Faux témoignage ne diras,
   Ni mentiras aucunement.

9. L'œuvre de chair ne désireras
   Qu'en mariage seulement.

10. Biens d'autrui ne convoiteras,
    Pour les avoir injustement.

Il y a six Commandemens de l'Eglise :

1. LES Fêtes tu sanctifieras,
   Qui te sont de commandement.

2. Les Dimanches Messe ouïras,
   Et les Fêtes de commandement.

3. Tous tes péchés confesseras ;
   A tout le moins une fois l'an.

4. Ton Créateur tu recevras,
   Au moins à Pâques humblement.

5. Quatre-temps, vigiles jeûneras,
   Et le carême entièrement.

6. Vendredi chair ne mangeras,
   Ni le samedi mêmement.

Hoc fac et vives. — Faites cela et vous vivrez.

LE MILITAIRE QUI CRAINT DIEU,
NE CRAINT NI LES COMBATS,
NI LES DANGERS, NI LA MORT.

LA VRAIE BRAVOURE CONSISTE

A TRIOMPHER DE L'ENNEMI DU SALUT,

COMME DE CELUI DE L'ÉTAT.

VAINCRE OU PÉRIR.

www.ingramcontent.com/pod-product-compliance
Lightning Source LLC
Chambersburg PA
CBHW052048270326
41931CB00012B/2684